好運嘛會輪到我

好運嘛會輪到我

好運嘛會輪到我
晴易文坊
SUNBOOK

好運嘛會輪到我

目錄 Contents

【縣長序】

撐起生命的「陽」傘

沒有嘗試，就無法成功；唯有面對困境，才會激起更高一層的決心和勇氣。很多人失敗的原因，就由於他們不肯格外去勞心勞力，盡其所能，一而再，再而三，而那正是贏取成功的必要條件。江議員的奮鬥史正足為典範。

家父與阿忠叔為世交，結識於二十餘年前我唸大學時期，阿忠叔事親至孝，秉忠持誠，兄弟和睦，家風勤樸。在台灣產業起步的六○年代，一家人胼手胝足分工合作，共同打響了台灣「製傘王國」的美稱，也成為締造產業起飛的幕後功臣，其「雨傘大王」的稱號，見證著國家產業推進的歷史。

拓荒，用意志與毅力；播種，用種子和嫩苗；生命在宇宙間的輪轉，用真的追尋、善的作為、美的初衷成就了世代相傳。阿忠叔認真進取，於任桃園縣議員期間，白天為民奔走建設地方，夜晚仍至萬能工專進修，甚且假日至家中與我研討微積分以求透徹，宵旰勤勞，令

【縣長序】

人感佩。其後，產業轉型動盪，阿忠叔雖執著登上彼岸持續將傘業進攻大陸市場，奈何時不我與，終因人生起伏，傘業式微，飽嘗現實的摧折。

儘管如此，面對生命的逆境，阿忠叔步步為營，不敢稍有懈怠，終究走出低潮，重拾康悅之心造就了天珠事業的春天，同時亦成立「生香文教關懷協會」感念親恩，戮力地方公益回饋社會。江議員六十甲子，好比一部歷練人生的活教材，在現實環境的洗禮中，讓大家目睹了一股無法撼動的堅忍。

人生最大的幸福，不是物質豐富，地位高超，而是翻滾紅塵浪跡天涯回首時的寧靜與超然。恭賀本書順利付梓，深信江議員的故事，將勉勵後輩，走過人生的十字路口，跨越生命本非完美的短缺，因為「好運嘛會輪到我」！

桃園縣長

【耆老序】

留個好名聲！

頭一次對「永忠」有印象是二十五年前，他出來選縣議員，第一次參選就能從五十二位參選人中脫穎而出，讓我對這位與我同樣是八德人的少年家，感到很厲害，當年雖未有交往，卻對他在議會認真表現，大大肯定。

真正熟識江永忠，是我邱家的子弟邱創良先生，頭一次要參選省議員，他與邱創良來找我，拜託我出面幫忙，礙於我結拜兄弟呂進芳也要參選，在我表示幫邱創良輔選有困難的餐宴中，他為了表示誠意，竟然不顧自己肝病初癒，不能喝酒，當場喝下三杯的紹興酒，讓我感動他為朋友所展現的忠誠，而答應為邱創良助選。

因為邱創良多次參選，我們倆都是輔選阿良的最佳拍檔，有如台灣話的「師公仔聖筊」，他稱我為『阿標仔伯』。長期以來，每在選戰中，他表現的領軍能力、對人誠懇、對友死忠，尤其是對父母的孝順、對兄弟的情感，讓我很疼惜，我們不僅建立了濃厚的革命情感，

也成為忘年之交，所以我稱他為「永忠哥仔」。

江永忠講話很趣味又有內才，會寫書講他的人生，有喜有悲的歷程很像一齣大戲，他做過縣議員又常幫人家選舉，書中所寫的政壇、議壇篇，我想對一些有意參選的人，一定要詳細閱讀，會得到很多的感受與啓示。甚至一些愛玩股票者看了他的股市悲歌篇，也能有一些省思。我認為「永忠哥仔」出版這本書，又為社會做了一些好事。

人的一生中，「認真打拚」是做人做事的基本要件，但是要在社會上立足，我認為：『守義氣．講信用』最為重要，才能「留個好名聲」，人生的路才會走得踏實、長久！

總統府顧問 邱金標

【董事長序】

擔頭多重・願力就多大！

對我們這個世代的人來講，早期困苦的生活，讓我們小小的年紀就要離開家裡出去學一技之長，希望在日後有一份好頭路，有一天會出頭天。儘管是很小就離開家，但是對父母親以及對家庭的責任感，反因為困苦環境的磨練，肩膀上的擔頭有如千斤重。

所以，阿母一句話：好壞攏是自己的兄弟。讓身為長兄的我，牢記在心。

身為江家長子，我與父親帶領弟妹同心協力，攜手共創家族的洋傘事業，得於在台灣甚至國外建立了輝煌的成績。回想早年創業時，開拓市場的艱辛路，現在也親像甘露、點滴入心頭，並且滋潤著江家的子孫、立足於各行各業，沒有辜負父母親的交代。

阿忠是我的五弟，自小體弱多病，卻很堅強，比一般人做事積極、又惜情，為人更是感性，成立了全台灣唯一的「五男連心會」，感恩母親養育眾多子女的辛苦與恩情。看他打拚、起起落落的人生，他

都勇敢面對，我是非常不捨，但是他有他的執著。

阿忠平時還會做詞、寫詩，閒暇時提筆寫毛筆字、唱卡拉ＯＫ自娛，生活過得充實而快意。阿忠今年六十一歲，記憶力好、思緒靈敏，竟然寫書、出書敘說人生故事、觀念，希望讓閱讀這本書的人，能得到一些正面的啓示，活在當下，讓我對這位「行動派」的弟弟，精彩的人生「不留白」不只讚賞，也很羨慕！

感謝阿忠書中清晰述説，阿母早年的辛苦及我們兄弟倆大陸行的各種鮮趣往事，喚醒我沈睡中的老舊記憶，也讓江家子孫知道：任何的成果，絕對不是不勞而獲，做人要認真打拚，如此「好運嘛會輪到我」！

大同洋傘公司董事長

江永兆

【自 序】

實踐中完成蛻變

我從小就是一個「歹搖飼」的囝仔，母親常嘆說我是「出生就帶病來」！在人生的歲月中，亦曾因健康以及意外等因素，有過多次死去活來的經歷，所以慶幸自己安然活過一甲子之後，能出書與大家分享我人生的起起落落，藉由文字的傳達，感恩生命中與我同台演出的摯愛家人與好友們。

感謝人生舞台上，妻子靜枝長年默默支持、攜手相伴；寫書過程中，遠在美國攻讀博士的兒子啓同鼓勵，執業律師的長女珊如細心校稿、修正、提供法律諮詢，以及次女珮如、三女瓊如協助資料的整理，得以讓此書順利出版。

回顧勞碌一生，無時不認真力行於待人處事，出書同時，除了將我收集的好聽歌曲（有部分歌詞經我改編），錄製成CD分送好友，感念父母恩之餘，並以父母之名(江坤生、江李香)成立「生香文教關懷協會」，期在我有生之年，結合各方熱心好友的心力，共同從事地方公

【自 序】

益活動、回報社會。

過了半百人生，我還能用心寫、並出書；大聲唱、錄ＣＤ，與大家分享，亦因天珠事業讓我人生重新再出發，除了惜福，也是幸福！期因此書的內文，給識與不識者，有更多正面、善性的啓發。

謹以此書獻給父母、摯愛家人、好友們

期大家能有珠圓人生、人生諸圓！

每天

人生，有時黑白，有時彩色。
人生，有時狂放，有時青澀。
有起有落，是平常；無起無落，叫平靜；大起大落，求平安。
平常、平靜、平安
好運嘛會輪到我。
這就是我的人生。

人說一人一款命
落土天註定
有人出世著好命
我是歹命子 自己要認命
人生的風雨 無算啥
只要認命 打拼 向前走
坎坷的路途 也會留下我的名

江永忠

好運嘛會輪到我

第一章：在最黑暗處，總有出路！

第一章：在最黑暗處，總有出路！

「力爭上游」，是貧窮人家為自己生命創造更高價值的生存圭臬。

一對孤兒寡母，一堆債務

桃園縣八德市的大安里（昔日八德鄉大安村竹高厝地區），是父親江坤生的出生地，早年這裡是一個窮鄉僻壤的地方，緊鄰台北縣鶯歌、三峽山區的貧瘠土地，除了鶯歌的善求土（陶瓷土）可以讓窯廠、陶瓷商「土攪水，一元賺九角鬼」（意思是只要把土摻水，成本一塊錢就可以賺九角多。）其他土地大都不太適合耕作，頂多種植一些經濟效益低的茶樹、相思樹，當地居民生活普遍困苦。

父親是家中的獨子，出生在窮苦的佃農家庭，因為家無田產，自大湳公學校畢業後，十三、四歲的年紀，即經人介紹到台北永樂町一帶的布莊當學徒、學習做生意。和當年的同儕一樣，「出外賺吃學工夫」！

那個年代要學一技之長，通常需要三年四個月，而在台北布莊當學徒的父親，手上的那把還沒滿二年，仍顯得明亮亮的剪刀，正駕輕就熟時，卻傳來祖父過世的惡耗。祖父除了留下一對孤兒寡母，聽說還留下一堆債務，這不禁讓父親感嘆：「別人的老爸留給子女的是財產，而我的老爸留給我的只有債務！」那年，父親才十六歲。

儘管無奈與感嘆，負責任的父親，為了照顧寡母，萬般不捨的扔開了那把剪刀，也離開了台北永樂町布莊，來不及衣錦還鄉，來不及施展手上技藝，只好先東湊西借的頂下村子裡的柑仔店(小雜貨店)營生。

開店做生意，除了資本、人脈，最重要的就是地點了。孤兒寡母一無資金、二無人脈，再加上竹高厝的村民生活普遍困苦，收入微薄，消費有限，柑仔店苦撐了兩年，被迫關門。

「生命，會自己找出路。」為了家計，父親決定「轉進」到繁榮的桃園都會區工作，憑著初生之犢的「憨膽」和在台北布莊的二年「見過世面」

■ 父親江坤生從業務員拚到董事長，辛勞一生。

的歷練，他終於進入當年大桃園地區最有名、經營自日本進口、日常生活用品生意的陳合發商號，擔任雜貨部的「外交」工作。

外交，其實就是我們現在說的：「業務員」啦！

從事雜貨的業務員工作，父親必須南北奔波，因四處招攬生意，無法天天回家，不能陪奉單親寡母，是他身為孤子的始終牽掛。廿一歲那年經人做媒，父親「理所當然」地與小他三歲居住於龜山鄉楓樹村、從小被送到當地李家給人做養女的李香（本為桃園大樹林地區楊六使公派下的楊姓人家女兒）結為夫妻。

感情有了歸屬，家庭有了後援，父親在事業上更全力衝刺了！由於「外交」工作的基礎，無法經常待在家中，十天、半月才能回家探視他守寡的母親、妻小，當然，也就苦了我母親。所謂：「嫁雞隨雞、嫁狗隨狗。」嫁入貧困的江家，母親的命運就像油麻菜仔田的菜仔一樣，開始她一生勞碌又苦命的日子。

婚後第二年，大哥出生，兩年後二哥、三哥、四哥相繼出生。母親在卅一歲那年生下排行第五的我，之後又陸續生下大弟永乾、么弟永信共七個兒子，四十三歲時，家境已稍有改善，終於喜獲最小女兒淑真，除請來產婆接生，滿月酒還辦桌宴請親友，不僅展現父親廿年的「外交」成績，更可看出爸媽生女兒的喜悅。

在那個重男輕女的年代，壯丁是我們家的特產，雖然組不成棒球隊，但這個女兒反而

【掌握．掌舵】
父親是孤子，也是長子，奔波一輩子，靠的是「人，要掌握好自己」；即使晚年兒孫滿堂，依然是我們江家崇高無比的掌舵者。

像是至寶，父母親及哥哥們，平日對小妹妹淑真非常疼惜，單從在分東西或家產都有小妹的一份，就可知大家對她有多好。

阿母的肩膀，最溫暖的靠山

祖父與父親都是單傳，沒有兄弟姐妹，母親為兩代單傳的父親陸續生下七個兒子、一個女兒，如果這在家境富裕的人家，就是多子多孫多福氣，但對貧困的江家而言，卻是多一張嘴吃飯，就多一分重擔。

為了分擔家計，勤儉的母親一肩挑起繁瑣的家務事，挑糞種菜、割蕃薯葉養豬、到茶園採茶……每天像轉不停的陀螺，永遠都有做不完的工作，再怎麼粗重的活，永遠往自己身上背。

譬如，煮飯燒水用的柴火，通常是男人的工作，但因父親經常不在家，稍為長大的孩子們，從小就送到外地去當學徒、做囝阿工賺錢，母親二話不說掄起了柴刀就到附近山區砍柴。我記得有一次，她不小心砍到別人種植的相思樹林，被巡守的人遠遠發現追喊，驚慌的母親，害怕之餘，揹著一捆柴枝一路狂奔回家，甫抵家門前的曬穀場，早已驚嚇到腿軟、發抖，臉色一陣青，一陣白的，最後終於不支倒地……突然看見媽媽昏倒，也把我們

【停格．停靠】
思念不需要色彩，就算阿母的身影停格在黑白，那溫暖的肩膀卻永遠有我停靠的記憶，永遠盤據在我的腦海。

幾個在場的兄弟，嚇得說不出話來，只能一直「阿母、阿母……」的喊。

除了粗活，只要能增加收入的，母親從來不放過。聽說有人收購婦女做的斗笠，手腳靈巧的母親就利用時間，向村裡的婦女學做斗笠，為了做得比別人漂亮，她還經常涉水過溪，冒著生命危險，深入青竹絲（小毒蛇）出沒的三峽鳶山一帶竹林，採摘編織斗笠的竹葉、晒乾、編織成一頂頂的斗笠交給父親拿到市場去販賣。

編斗笠的媽媽，總是最溫柔的。對一個不識字的母親而言，這時雙手忙著摺竹葉，嘴裡也沒閒著，不時哼唱著鄉土歌謠、或廟會拜拜時看的歌仔戲曲調，當成清苦生活的自娛；也時常跟我們講述一些忠孝節義的故事、或具人生大道理的俚語給孩子聽，有時說著說著，就把我們每個兄弟、妹妹的成長點滴，像在說故事般給搬上嘴邊。

■ 大哥永兆結婚時，拍下江家第一張全家福照。

記得母親常說：阿忠從小「歹搖飼」（不好帶的意思），出世就帶著病來！她經常揹著生病的我，走了一、二十里的路到桃園求醫，有幾次，走到半路，感覺到孩子好像沒氣息，那種唯恐「失去孩子」的恐懼油然而生，手足無措之際，只好半途哭著回家，一到家，這才又發現孩子還有一絲氣息，內心歡喜、重燃希望，才又揹起我，有點著急、又有點高興的重回那一條一、二十里的求醫路。

從我有記憶開始，我總清楚的記得：母親厚實的背膀是我最溫暖的靠山。

「阿忠大漢的過程中，攏沒有爬過！」因為我從小臭頭、爛耳、發育不全，總是病懨懨的；除了動不動讓阿母「長征」桃園求醫之外，為了治癒我的臭頭毛病，阿母不時剃光我的頭髮、用茶葉水幫我洗頭、貼膏藥，小小年紀的我，經常慨嘆為何把我生得與個子高大的六個兄弟都不同，所以我從小就有自卑、自閉傾向，唯獨對阿母的話相當順從。

母親說，我在一、兩歲時，一回冬天天冷，她用稻草鋪在八角眠床裡，再墊上被單，把我抱在懷裡，母親問我：「阿忠，你會冷嗎？」只聽到我回答：「不會。阿母那妳會冷嗎？」光這一句「阿母那妳會冷嗎？」就讓阿母每次提起，臉上總是充滿欣喜知足。

或許是我從小飽受病痛，比較能懂得母親的辛勞，因此在大哥、二哥、三哥們小學一畢業即離家到外地工作後，母親交待的家務工作，與相差兩歲、不太喜歡做家務的四哥相較，我顯得乖順而且容易使喚得多，母親常感慨：「阿忠如果是女兒，我就會比較好命！」

一碗飯，摻了水也摻了怨

由於三個兄長到外地工作，家境稍微獲得改善，我與四哥也進入初中就學，繁瑣的家務工作，母親只好分派到四哥與我的身上，來減輕一點點負擔。七歲時，我學會用柴火煮飯、做菜、擦眠床、趕蚊子、掃地各種家務，四哥長我兩歲，兩人年齡相近，小時候經常嬉玩在一起，我唸鶯歌中學初一、他唸同校初三，新生入學時還帶我去註冊，並且時常一起工作，也常相偕去釣魚。

四哥不愛做家事，母親使喚較不易，母親為此經常不快、大聲叫罵，忙碌之餘只好改喚我來分擔家務，對四哥不能體會她的辛苦，更加痛心。當時四哥正值青少年叛逆期，無法接受母親管教方式，不滿阿母偏心、比較疼我，漸漸不再與我講話，用餐時刻意迴避與家人共餐，或待家人用完餐後，才獨自一人用餐。

由於四哥獨斷獨行的怪異行徑，阿母漸漸無法忍受，多次責罵不聽後，或許是傷及母親尊嚴，她反而採取更嚴厲的管教方式。有一晚，阿母氣得竟然將鍋裡僅剩的一碗白米飯，硬是摻入生水，就是要讓四哥餓肚子。

隔了幾天，父親自外返家，四哥向父親訴說，阿母不讓他吃飯、還摻生水在飯中讓他餓肚子。父親回答：「你做兒子的，要乖一些，自己要檢討，是不是有做錯事，否則阿母怎會不讓你吃飯。」

四哥向父親訴苦未獲排解，自此與阿母心結愈深，母子倆人個性強硬，互不屈讓，逐漸演變到互不講話，阿母傷心之餘，自忖克盡母職、為子辛苦勞累，卻無法獲得兒子了解、體諒，百般的痛苦、憤怒之餘，時常恨天怨地，自認歹命；有一次，竟然一時想不開，跑到居家附近池塘要跳水自殺，記得當時我，還哭著跪求母親回家！

這碗摻了怨氣的米飯，在阿母和四哥心裡，整整擺了七、八年。

到了五十年代，父親自行創業經營洋傘加工廠、做生意，事業漸有起色，全家人由桃園八德搬到台北萬華，我們曾經暫時向一位親友，分租後半樓窄厝居住。「好面子」的阿母唯恐被人說與「兒子不和」，常主動招呼四哥，但四哥仍然相應不理，這樣的情景，讓阿母的心情豈是「鬱卒」、「怨嘆」幾個字可以形容，人家韓信有漂母的「一飯之恩」，而我們家則有生母的「一飯之怨」，一飯、一恩、一怨，阿母愈想愈是椎心刺骨，只好躲到樓梯間足足哭了整個下午……

阿母削瘦的身軀，瑟縮在窄窄的樓梯間，哽咽、啜泣攔不住老淚縱橫，也許她是想用滿滿的淚，稀釋那碗摻了水，也摻了怨的米飯！只是，這碗飯，實在太酸、也太重了！

我常想：因為母親個性好強，一生為子做牛做馬，可惜生子眾多，她都採取同一種教養方式，未能因孩子不同個性，施予不同管教方式，否則以四哥當時的身材、體力，一定能分擔母親很多的工作，如果阿母當年能放下、給予更多包容，母子僵局，早已化解。

或許，愛有多深、怨懟就有多深，母親疼子不需懷疑，四哥必定也愛阿母，只是人生路上，母子倆人一次次錯過化解心結的時機，造成彼此的人生遺憾，這樣的感嘆，只有在阿母過世時，目睹四哥痛哭失聲、雙手扶著一具冰冷的棺木、淌著兩行滾燙的熱淚，開口喊著再也不回應的「阿母～」時，才能有最最深切的體會。

「百善孝為先」是告訴世人行孝的重要，孝順兩字講的是為人子女者，不但要懂得孝、也要做到對父母順從、不忤逆，尤其是「樹欲靜、而風不止，子欲養、而親不待」父母不會在我們身邊一輩子，為人子女者不只要隨時行孝，更要懂得及時，也不必非得等

■ 江家的七子一女

到有錢才要行孝。

原諒，使世界更美麗；寬恕，使家庭更美好。江家的這一碗飯，是「入土為安」了！只是，捧在心裡七、八年，確實也太長了點……

無良心的王祿仔仙‧傷了一顆純真的孝心

長年勞碌又勞心的母親，健康日漸亮起紅燈，經醫生檢查患有心臟病，在她四十五歲那年，母親開始臥病，期間長達三年，直至藥石罔效辭世。母親臥病期間，有一年過年的年初一，離家不遠的龍山寺對面公園很熱鬧，公園內到處是各種攤販擺攤，有吃的、喝的，還有賣膏藥、藥材、耍特技，以及剃頭的師傅、盲人按摩及就地唱歌仔戲……，洋溢著濃濃的過年氣氛。

雖然阿爸在那年過年發給我兩百元的壓歲紅包，但想到病情始終未有起色的母親，我心中未有過年的歡喜，獨自一人自家中漫步到公園，忽然間被一處大聲喧嘩、有一群人圍觀的地攤吸引，遠遠聽到地攤的男子說，他有可治百病的藥丸……

聽到可以治百病，我趕緊由圍觀的人潮中鑽進去，趨前欲進一步了解，看到該男子手拿著一瓶黑色藥丸、口沫橫飛的指著瓶中的黑色藥丸，宣稱該黑藥丸是珍貴藥材提煉，可以治百病。男子發現年紀小的我(當時我初三、十六歲)，問我：囝仔，你要買藥？

我答稱：我阿母有心臟病，這款藥仔可以治心臟病？

男子立即轉口：「囝仔，這款藥，很有效，絕對可以治心臟病的。你身上有錢嗎？這款藥是很貴的。」於是該男子以成全我孝心為由，表示他半賣半送、給了我一大瓶黑藥丸，並拿走我全部的壓歲錢。回家後，拿給母親，母親吃了幾顆，直說，沒味道，我才知道自己被騙，擔心被母親罵，向母親佯稱：該瓶藥丸是十元買的；這件被騙情事，放在心上，始終未講，但自此對公園擺攤賣藥的王祿仔仙，不再相信。

一小盒的救心與一包人蔘

「救心」，現在的人，可能不知道是什麼東西？但是在我十六、七歲的時候，「救心」是當年一種很珍貴的心臟藥。一粒粒黑色的小藥丸，放在如同手指頭大小般的玻璃瓶，像是現今市面上的仁丹，外面有小紙盒包裝，聽說是日本原裝進口，每盒三十八元，是那時候心臟病患者指定的好藥，我印象很深。

當年，父親從不給家中孩子零用錢。大人們認為，小孩子有吃有穿，不必要用到錢，縱使我進入新日盛洋傘行學製傘做童工時，平日也沒有零用錢可以花用，唯一拿到錢的機會，就是每個月去剃頭（理髮）的費用五十元。

當時到剃頭店剃頭，費用是五十元左右，剃頭時有椅子坐、剃好了還有師傅洗頭服務。但是萬華廣州街、三水街小巷內或公園裡，有流動的剃頭師，剃個頭只要八塊錢，只是要站著剃、剃完頭毛巾拍一拍，剃的過程還要跑警察，一發現有警察，剃頭師與客人各跑一邊，待警察離開再回到原地，繼續剃完一半的頭。

為了阿母的心臟病，我時常是流動剃頭師的常客，省下了四十二元，買了一瓶三十八元的「救心」給阿母吃，我還有四元，想到阿母的病會趕快好起來，心裡就很歡喜。

為了替臥病的母親補元氣，父親托人買進口、昂貴的韓國人蔘給阿母進補，或許是母子連心，生性節儉的母親捨不得吃，有幾次，叫我到她床邊，用紙包著幾支沒有切片的人蔘及幾百塊錢，偷偷塞給我，流著淚說：阿忠啊！兄弟中你最矮小、身體也尚沒勇，但是你最有孝，阿母沒有什麼可以給你，只有這些錢和這包蔘仔干給你…阿母的話還沒講完，母子倆已泣不成聲。

阿母的音容·阿母的言語·阿母的交待

母親病危前一、二年，輾轉住進了華陰街的郭內科醫院及知名的台大醫院，有空時我都會走路由萬華的家，經過貴陽街、衡陽路、穿過新公園(現已改為二二八和平公園)到台大醫院探望、照顧母親。

有一次，一位住在樹林的堂親財福嫂，來到家裡要去醫院探望母親，我向新日盛洋傘行的其得兄借了一輛五十西西的機車，載財福嫂到台大醫院探望母親，沒想到，等我們兩人離開病房來到醫院門口，發現原來停放在大門口外的機車竟被偷了！我哭得好傷心，想到阿母的病、又想到一台機車掉了，要賠人家好幾萬元⋯

那年，大哥結婚，病塌上的母親露出難得的笑容，在家人辦喜事拍照時，母親瘦弱的身體、緊靠著椅背拍攝下來的照

■ 我最懷念阿母開懷的笑容。

片，竟是母親最後留下的音容。由於母親病情日愈惡化，不見起色，家人接受醫生的建議決定開刀，期病情好轉。沒想到送進手術台後，母親自此不再醒來。那天，是民國五十三年農曆六月十三日，母親得年四十八歲，結束她短暫苦命勞心勞力的人生，也遠離長年飽受的病苦，未曾享受到江家日後成功的豐碩果實，也來不及得到子孫滿堂的反哺報恩。我不知道當時母親的黃泉路走的是不捨或無奈，母親一生如此，或許就是母親生前常說的：這是她的八字命！

母親去逝後，我堅守她臨終所交待「阿忠啊！你的四個阿兄都大漢了，不必你來煩惱，但是比你卡小漢的弟、妹，一定要替我看顧」。母親最後的託付，牢記在我心，直至弟、妹長大成人，有家有業，我還是百般呵護，因為我深信，母親在天之靈一定看得到。

阿忠要奉勸世間人，父母健在、及時行孝，縱使再忙，一通電話、問候幾句，做來並不難。俗話說：「在生一粒豆、卡贏死後拜豬頭」（台灣俚語：指生前給父母一粒土豆花生，遠比死後以豐盛如豬頭祭品祭拜更好，意謂孝順要及時）。

與朋友相談，我經常不經意引用台灣俚語為喻，其實源於母親生前言行而受她影響，我深刻感受到台灣俚語充滿古早人的智慧與幽默，相當有趣。至於，俚語之所以稱為俚語，就是因為這些話的來歷大部分已不可考，不知道是誰講的，也不知道從什麼時候開始講的，就這麼傳開來了，統稱它叫俚語。

【相親·相愛】
母親最後的託付，一定要我看顧三個年紀較小的弟、妹。（上）淑真妹妹（中）永乾六弟（下）永信結婚時，靜枝（右）負責「牽新娘」，女兒珮如當花童。

母親生前常講的台灣俚語，我記得的有：

●閹雞趁鳳飛（喻不要不自量力）。
●飫雞無惜糙．飫人不惜面底皮（喻飢不擇食）。
●虎擱再歹、也不會食子（喻虎毒不食子）。
●幹牛母，也要看天時（喻做事要看適當的時機）。
●牛稠內．鬥牛母（喻只會欺負自家的弱小）。
●爛鳥比雞腿（喻不能相提並論）。
●豬不大．大著狗。（喻該好的卻不好）。
●目睭被糞糊（喻被矇蔽、識人不清）。
●乾元的八珍一大帖（早期乾元藥房的八珍——草藥八味，很便宜又大包，意思是很三八）。
●一兼二顧．摸蜆仔兼洗褲（喻一舉兩得）。
●不會駛船、嫌溪灣（喻能力差卻怪別人）。
●七月半鴨、不知死活（喻不知大難臨頭）。
●六月割菜、假有心（喻假惺惺）。
●鴨蛋擱巧密、也有縫（喻百密也有一疏）。
●乞丐趕廟公（喻鳩占鵲巢）。

●冷飯不吃女婢的（剩飯剩菜是下人吃的、喻要認份）。
●黃昏看著透早（喻不識時務）。
●火燒菇寮（喻一定沒希望）。
●米苔目包餡（喻沒辦法做）。
●查某人牙齒（女牙、諧音「你的」）。
●外省人搬戲（喻做死、做戲）。
●鴨母蛋貼牛車（喻穩破、一定會壞）。
●暗頭吃西瓜、半暝反種。（喻人善變、立即翻臉、反面、不守信用）。
●海龍王辭水（喻假仙）。

還有很多，記不起來，記得當時年紀小，不知話中含義，直至年歲增長、人生體驗多，才逐漸了解其義，才知道有些台灣俚語雖是不太好聽的鄉土話，但對人、事、物刻劃入微、相當寫實。

七子八婿，一直缺一角的夢

母親去逝後五年、父親五十六歲那年，在親友力勸下續弦，二媽小父親十二歲，結婚時未驚動親友，婚姻証書登記由我擔任介紹人。二媽是一位相當有智慧的女人，不道人是非長短，未與子媳同住屋簷下，接觸、磨擦少，相左意見也自然少，與家人相處融洽。

以父親為領導中心創辦的大同洋傘公司，六十年間開始，日益茁壯，為了讓每個兒子有各自發揮的重心，在父親及大哥的規劃下，陸陸續續再成立了大山製傘、同建金屬等關係企業，並拓展更大的外銷市場。隨著企業的管理與業務拓展，朝向現代化、自動化、國際化邁進，父親過去那一套家庭式傳統的管理模式，無法派上用場，因此六十歲那年，開明的父親以半退隱狀態，不再主導公司內部大小事。

父親在六十歲淡出家族傘業體系，基於「樹大分枝」的道理，是年父親將與兒子們共同打拚的家產，妥善分配與兒女，自留一筆資金，安享晚年，開始陸續到世界各國遊玩，遊遍東南亞、東北亞、美國、歐洲等許多國家，並將時間投入與宗親、昔日陳合發共事老友的情感連誼。

惜情的父親對於江姓宗親會、以及昔日陳合發老同事的情誼相當珍惜，聚會活動出錢又出力，曾獲推選擔任桃園縣江姓宗親會創會理事長、陳合發同誼會會長職務，以及第一

■ 我與靜枝與二媽。

屆製傘工業同業公會常務理事；因為人隨和又風趣，又捨得付出，人氣旺。父親於民國七十九年、享年七十六歲仙逝，當時正值家族企業鼎盛高峰期，位於大同洋傘公司的告別式會場，來了二、三千人送父親人生最後一程，場面備極哀榮、令人感動。

父親晚年老好命，對家業、對生涯規劃提早進行安排，讓兒女有發揮天地，但孝順兒女們仍以其為精神領導中心，由其擔任監察人。不過，令父親引為憾事的是唯一女兒淑真一生未婚，無法圓其「七子八婿」人生心願。

淑真妹妹致理商專畢業赴日深

【拉手．拍手】
母親早逝，父親的一雙大手，平日必需拉拔兒孫，甚至有餘力時捐米做公益，甚獲地方讚賞。

造後即留在日本，協助家族設立在日本的大江貿易株式會社並拓展業務，任事認真負責，甚獲父兄疼愛，但婚姻路卻遲未遇心儀對象，令父親生平操心煩惱。九十年、九十四年間，永信么弟、淑真妹相繼因病過逝，人生歲月皆未過半百，讓我想到他們一生好命、卻短命無壽，內心感慨頗多。

反倒是阿母一生勞碌命，與父親結褵卌年，都在貧困與為家人事業打拚中過一生，心中甘苦多，難免抱怨也多。小時候，阿母種菜養豬，豬肥出售，豬販來買豬，錢由父親收取，阿母即慨嘆，辛苦養豬的人，卻未曾享受「數過賣豬的錢」的樂趣！

有一次，父親為了要帶母親到台北看馬戲團表演，以及三軍球場的溜冰，騎腳踏車載阿母從八德竹高厝村子、騎了卅分鐘左右到鶯歌火車站，搭乘火車再換公車到馬戲團演出會場，沿途飽受車程顛簸，看完馬戲團表演，也只能累得直接回家。

阿母說：「戲看不到什麼，車卻要坐了老半天。」充分流露貧窮夫妻沒有生活情趣的日子。

相對於阿母的單調生活，二媽就不同了，與父親夫妻情緣廿年，七十九年間父親過往後，二媽善於安排自己老年生活，不僅到桃園國小上學，畢業典禮我們全家大小都去獻花祝賀，平日熱心地方大小事，年歲八十餘，仍擔任村內鄰長、經常到地方公所做義工、並在村內教授外丹功、指導民眾養生健康之道，不時與兒孫同遊世界各國觀光勝地，九十四年間與孫女同遊日本環球影城，還同乘年輕人最喜歡、最刺激的雲宵飛車，玩得不亦樂乎，可說是老康健，不讓兒孫為她身體健康操心。這也才算是真正的銀髮健康一族呢！

十步芳草

76歲的老奶
鄰長江呂鑾
，無所求的
人，是她心
年輕、充滿
力的妙方。
記者潘欣中
／攝影

熱心助人 江呂鑾青春妙方

76歲鄰長 受聘蘆竹鄉志工顧問 愈做愈來勁

【記者潘欣中／蘆竹報導】「
所求的助人，是常保青春活力
妙方！」76歲的老奶奶鄰長江
鑾，10多前投入志工行列，愈
愈來勁，每天一早做完外丹功
就開始志工工作，年初受聘擔
桃園縣蘆竹鄉公所志工顧問，
常懷感恩的心」，她一語道出
單卻實在的人生哲學。
篤信佛教的江呂鑾，最早是在
內五福宮擔任義工，初1、15
一定到廟裡「報到」接湯圓，20
年來不間斷；兒女事業有成後
不愁吃穿的江呂鑾總感覺生命
少了些什麼，10年前幫助1名
逢礦變的信徒，看到對方無助
眼神，體認到「施比受更有福
，江呂鑾決定投入志工行列。
「那怕只是句簡單的關懷和問
候，對方自然會感受發自內心的
關懷」，江呂鑾每天神采奕奕助
人，蘆竹鄉公所還聘她為志工隊
顧問，傳承服務經驗。
志工們感受最深刻的是她開朗
的個性；她說：「助人帶來的喜
悅，會讓人心情好上一整天，心
情好，病痛自然少，也是常保青
春活力的妙方。」
江呂鑾對鄰長工作也不馬虎，
有人家裡急難需要濟助，她全力
協助，家中成員發生爭議，只要
她一句公道話，頓時化解，鄰長
一當就是3屆。
農村貧寒家庭出身的江呂鑾自
認是「苦過來的人」，對擁有的
一切，除了感恩還是感恩，點滴
付出，不求回饋，知足常樂，志
工工作她會做到做不動為止。

【義工．外丹功】
二媽平日做義工，教外丹功，養生有一套，八十歲了還能坐雲霄飛車，和兒孫相處其樂融融，更是有一套！

第二章：向上帝借了三次時間

好運嘛會輪到我

第二章：向上帝借了三次時間

新廠落成投產了，儘管父親一再交待「阿忠，身體要顧好」，但因個性逞強，自恃年輕氣強，為了趕快讓新廠營運步入軌道，三餐不正常、長期更是睡眠不足。

健康是財富這句話，對曾有過「死去活來」經歷的人而言，體悟的總是比一般人深刻。闖過鬼門關的人，對家庭、對事業、對把握當下的認識，一定更能大徹大悟。只不過，人家一次就夠了，我卻是一連三次。三次都是罹患肝病。

肝病的一再復發，是我一生與病魔的對抗；而在這之前的另一次大徹大悟，則是當兵臨退伍前夕的無知闖禍，我被送入軍人監獄達十八天，那一次是心魔害了我。

看海三年，看守所十八天

當兵是每個國民的義務，廿一歲自開南工商補校畢業後，我接到入伍令，抽中了三年的海軍兵種，完成中心訓練後，直接派往高雄左營海軍兩棲指揮艦２１５號擔任文書職

■ 當年的海軍模樣，架式十足。

務。展開長達三年「看海的日子」。

艦上文書兵的工作主要是負責文件收發、函文、傳達、公文檔案管理等文書作業，我因表現稱職，甚獲長官器重，被指派擔任艦長的文書兵；艦上文書兵工作一年多，下了船，又分發到左營海軍艦隊指揮司令部擔任文書工作，這些在部隊學到的許多有關檔案管理、文書作業，對我日後企業上的經營管理有相當助益。

左營營區離高雄很近，趁著部隊空閒的日子，我經常偕同軍中弟兄到市區迌迌（遊玩），對高雄市區街道頗為熟悉，民國五十八年底即將退伍前夕，某日到市區逛街時。無意間撿到一張軍人補給證；當年只要持有軍人補給證，搭車、看電影可享有優惠。因此，從曲腳、下腰到拾起補給証，隨手翻了一下，放進口袋裡，才幾個簡簡單單的動作，才花了短得不能再短的幾分幾秒

【出關．出社會】
（左）走出待了十八天的海軍看守所。
（右）退伍了，終於真正成為社會新鮮人。

鐘而已，在我腦裡、心眼裡，卻已不知轉了幾大圈。我想：「嘿嘿……就快要退伍了，如果把補給証貼上自己的照片，日後就可繼續享有軍人優惠。」想著，想著，連自己都不禁有點高興！

那張補給證，當時真的就像天上掉下來的禮物。

於是，我擅自為那張補給證「動手術」，貼上了自己的照片，自以為手藝精湛，一定會做到神不知鬼不覺。元旦那天，永乾弟弟學校畢業旅行到高雄找我，我相當高興，向高雄做洋傘的頭家朋友借了機車，載弟弟四處在市區遊玩，心想，手上多一張補給証，何不讓永乾通行使用，混進服役營區參觀。

大搖大擺帶著永乾進入營區，突遭憲兵叫住、當場起出他身上的通行証，厲聲詢問為何有兩張同樣的軍人補給証？由於永乾弟是學生，經訊問後即釋回，而我因為現役軍人的身份，被疑為有匪諜之嫌，當下依『恐有洩露軍機』罪名，送往海軍基地第一軍區看守所，剃了一個大光頭與觸犯軍法的兄弟五、六人同關一室。

我因無知與一時貪念誤觸軍法，被囚禁軍中看守所期間，飽嚐看守所內老鳥惡整新鳥的各種折磨方法，憂心因觸法帶給父親莫名困擾，懊悔自己一時橫生貪念，不知此舉形同偽造文書罪嫌嚴重，看守所內煎熬十八天，經父親四處奔走、軍方調查發現我未有不良犯行意圖，始獲釋回。

頂著軍中看守所內被剃光的大光頭、內心滿懷愧疚與不安，退伍回到家中，頗有無顏見江東父老之慨。退伍前夕軍中看所內十八天被囚禁的日子，體會「歹路不通行」的道理，是我一生永難抹滅的痛，自此深悟做人千萬不可有貪念！

建廠一次，肝昏迷一次

隨著大同洋傘業務蒸蒸日上，父親也感受到自家兄弟皆在同一公司內上班，不但有指揮上的困擾，也有浪費人力資源的散漫，他開始有了「樹大分枝」的看法！六十五年間，獲悉位於桃園市慈文路上的三和傘骨廠想要賣，經人轉知，引起我想由公司購買的念頭，遂向父親提出。

■ 由舊廠整建後的大山製傘。

作風保守的父親當時對於要買新廠，表示大同的資金並不足，豈敢妄想？最後父親採納我的建議，向第一銀行研商轉胎承借三和傘骨廠原來的銀行貸款五百萬元，終於順利買下那塊在桃園市區路段、六百坪的廠房。

當時內心雖滿是歡喜，但心情卻百般複雜！憂心今後兄弟要如何合作、相處，才能情感更加緊密、同心？

剛接手的廠房是一間舊工廠，內部的設備、廠區生產環境，都需要大肆重新整理，與新建的廠房不同，舊的機件要拆除、內部有些地方需重新改建，新式設備的添購……以及員工招募等許許多多工作，從無到有，甚至有許多地方都得重新規劃，對於求好心切，自我要求嚴謹的我而言，幾乎從早到晚、不眠不休投入。

連續好幾個月無眠無日的舊廠整建，看在父

■ 為了安心養病，我安排永乾弟接下大山總經理。

親的眼裡難免不捨，多次叮嚀：「阿忠，你的身體要顧好，不要太打拚！」當大山製傘公司的亮麗招牌及大門柱上的大理石醒目的題上父親江坤生的名字，我感受到父親是何等的高興，因為江家又多出了一家製傘設備完善的工廠。新廠落成當天，在邀請到來的昔日陳合發老同事面前，父親始終眉開眼笑，流露出歡喜滿意的神色。

新廠落成投產了，儘管父親一再交待「阿忠，身體要顧好」，但因個性逞強，自恃年輕氣強，為了趕快讓新廠營運步入軌道，三餐不正常、長期更是睡眠不足。

期間，更因輾轉聽到有人閒言閒語：阿忠這麼用心打拚，還不是為了在新廠先佔個好位子！認真努力，不被認同反遭家人誤解，徒增心力交疲，最是令我傷心。

事業上的壓力、長期的疲勞過度，六十七年

間，開著小貨車外出送貨，多次在無意識下，碰撞到前方的車輛、闖禍後竟渾然不知，家人始發現事態嚴重，強將我送醫檢查，經醫生告知罹患肝病。

肝病是國人普遍的疾病，疲勞過度或者經常熬夜、喝酒過量都容易引起；除此之外，屬遺傳性的B肝帶原者則為潛在的肝病患者，如一旦疲勞過度更比一般人容易發病，首次發現肝病，始獲知自己是B肝帶原者，醫生告知，肝病最好的良方是休養。只有休息，才是治癒肝病的不二法則。

為了讓我安心養病，永乾大弟接下我在大山製傘的總經理工作，不多久么弟永信也大學畢業，經安排進入大同洋傘公司實習；永信么弟與我相差八歲，因父親經商後家境逐漸轉好，受到正規高中教育，原考上逢甲會計系，因志向不合、放棄就讀。前往金門服兵役三年後，考取淡江大學東方語文學系，當年是兄弟中最高學歷的孩子。

因此永信弟的淡江大學畢業典禮，父親、二媽、大哥、我都欣喜不已，放下手邊忙碌工作，出席永信畢業典禮，爸媽還特別高興地與穿著學士服、戴方帽的永信弟合影，這頂方帽盛載著我們江家諸多的榮耀。

永信么弟因日文造詣深，在大同洋傘稍加磨練後，隨即到大山製傘做業務經理，負責接單襄助永乾廠務，倆人優缺點互補，帶動大山快速成長。

大山製傘的工作雖有永乾弟掌管，但對天生勞碌命的我而言，養病期間仍經常到公司走動，隔了一段時間後，自覺身體狀況、精神都恢復得差不多、自認身體大致已調養好了，又加入家族製傘的事業體系，做些較輕鬆的工作。而後當上議員，因外務忙、應酬多，又埋下第二度肝病發作的原因。

由於我從開南商工到萬能專校一路半工半讀，唸的都是商科，對父親與家人經營的製傘企業，內部的經營、財務管理都有助益，同業如遇有稅務問題請教，我亦不吝詳細說明，日漸贏得同業友誼。為了能夠爭取製傘業界的權益，同業們不斷鼓勵我出馬參選桃園縣議員。

民國七十年間，在同業及各方親友大力支持下，我參選龜山、蘆竹、八德選區的桃園縣議員、高票當選。新科議員滿懷地方鄉親的託負，平日除了要兼做一些事業，還得做好為民服務的工作，與人為善、人情事故的交際應酬，更是馬虎不得？

交際應酬免不了喝酒助興，對肝功能不佳的我而言，酒有如肝的殺手，七十三

■ 當議員時，在溺水事件前，抽空帶家小出遊。

年間，議員即將任滿前一年，我第二度肝病發作(但屬輕微)！又被迫放下忙碌的洋傘事業，再稍做短暫的休息。

肝病調養期間，一日，病體稍為舒適，想到平時本業工作忙碌，及議員為民服務的大小瑣事，無暇陪同孩子休閒娛樂，而心有愧疚，遂抽空帶兒女前往桃園假日大飯店泳池游泳。孩子們在兒童池嬉水，不知何故，當過三年海軍、略諳泳技的我，當時竟然精神恍惚，有如鬼魅招手般，迷迷糊糊的走向最深的池底、漸被池水淹沒……經人發現高聲呼叫救生員，救起時已滿臉發黑，經救護車送醫急救，才搶回性命。

七十四年間，縣議員任期中，家族的洋傘事業更有規模，洋傘品質受到日本客户的肯定，日方訂單激增，為了將洋傘的事業體系擴充到日本，大哥決定在日本東京市區，購買辦公樓做為大同洋傘公司的海外貿易據點。

位於日本的大江貿易株式會社由致理商專畢業、赴日讀書、日語流暢的妹妹淑真負責，另外再僱請二、三位日本人協助業務的拓展，由通曉日語的永兆大哥擔任社長職務。日本的貿易公司生意漸有起色，我縣議員正好卸任，為了脫離政治圈、交際應酬日子，我決定赴日進修日文，協助小妹一些事務，更希望能為日本市場開拓新的商機。

赴日本協助商務，進修日文

七十五年三月，在父親叮囑以養身為主要前提下，我隻身赴日協助日本的貿易公司業務，並利用時間進修日文，日子過得充實而緊湊，年底返回台灣後，天氣已轉涼，發現台灣洋傘市場，在消費者對品質的要求提昇下，也出現變化。有感於家族的事業體系雖然逐漸擴大，但有必要再興設更高階產品相關企業的製傘工廠，才能爭取市場更好的訂單，讓兄弟們更有施展的舞台，以凝聚兄弟間的團結力。

因此，繼大同洋傘、大山製傘、同建金屬、大江貿易相繼設置後，我再度覓地興建較現代化的製傘廠。七十五年間，在緊鄰蘆竹鄉的大園鄉三石村、中正國際機場附近、現今大園鄉農會菓林辦事處後方，終於覓得一千多坪面積的用地興建大建製傘廠。

大建製傘廠的籌備與建，是委請知名建築師陳銀河設計規劃，一切的設備與規劃採取最新的設施，嶄新宏偉的新廠

■ 右起靜枝、淑真妹、永乾妻貴蜜。（左）赴日協助淑真處理商務並進修日文。

■ 大建建廠開工，父親、大哥、我與包商林老闆上香祈福。

落成，是當年我們七子一女同為父親七十四歲生日的祝壽獻禮，奈因此際正值台灣電子業發展蓬勃，勞工紛紛轉往投入待遇優渥的電子廠工作，雖然新廠建成開工投產，卻開始出現製傘廠招募員工困難的窘境。

企業日益茁壯後，完善的管理與制度相當重要，為迎合社會生產環境的變化，大建製傘廠的員工有別於老工廠，不但廠房新、待遇較佳、也提供員工制服、加強員工福利制度。這些經營與管理的方式，一開始未獲部分兄弟認同，認為我採取此種管理方式，是愛出風頭，無異是增加公司內部的無謂開支、無助公司營運，但我堅持企業應該向上提昇，而不是墨守成規、安於現狀、自行萎縮。

為了讓公司早日有良好營運成績，初期必須盡量精簡人事，節省人事費用的開支，因此，舉凡總務、管理、業務等各方面工作，能自己做的、我就自己接下來做。由於大建製傘廠規模不大，加上當時勞工多半選擇薪水較高、福利較佳的附近電子工廠工作，大建老是無法招募到充足的員工，時任總經理的我，不時面臨工人不足窘況，只好「校長兼撞鐘」，常親上生產線幫忙。

大建製傘廠人力嚴重不足，我被迫親上生產線作業，常被綁在廠內，致使我本來計劃要分攤大哥長期接單的辛勞工作，無法進行接班，還得勞煩大哥不辭辛苦往返於大同、大山、大建及日本大江多邊奔波。為了有更多時間投入管理，期能早日進入正常產銷，我只好請求太太靜枝協助擔任大建製傘的廠長職務。

大建洋傘投產一年，永兆大哥接獲一筆日本資生堂公司採購的高級洋傘贈品一批，該筆訂單數量相當大，大建洋傘生產線上人力已明顯不足，眼見交貨期間逼近，我與工人日夜趕工，經常熬夜加班，體力透支、漸感身體不適，但因交貨在即、緊咬牙關硬撐，暗中告訴自己，此刻無暇、也不能生病，一定要等到交完貨才能休息。

豈料，七十七年間十二月底、生產線上的貨收整完成並裝櫃、即將出貨前二天，我的身體再也撐不住，頓然間全身無力、在半昏迷狀態下，經救護車火速送往長庚醫院，醫師診斷為肝病再度發作。這回肝病來勢洶洶，不似前兩次看過醫生、只需在家休息調養，醫生叮嚀我一定要好好休息一陣子。

再度被送進長庚醫院，剛好也是好友阿良選上省議員不久，當時許多到醫院探望我的朋友，揶揄我此時生病，病得很風光。因為，有很多的朋友以及欠我選舉人情債、我服務過的選民，都爭相來探望，人來人往的，病房很是熱鬧。而受到邱創良的幫忙，安排住進舒適的病房，內心深為感激。受人點滴之恩，必當湧泉以報，所以日後當邱創良參選，只要邱力邀助選，我必全力相挺。

住在長庚的病房，父親經常來探望，並由關心友人處輾轉獲悉，台北中和有一位八、九十歲老中醫師，有一帖治肝良方，相當有效。因此，父親和我偷偷瞞著醫生，請假外出到中和向老中醫師求診，吃了該位老中醫的幾帖藥方後，身體逐漸舒適、轉好，不明情況的長庚醫師檢查肝功能時，還一直奇怪我肝病為何突然恢復的這麼快！

民間傳說蜆湯對肝病相當有效，住院月餘返家調養，妻子靜枝每天烹煮蜆湯給我喝，加上作息正常，不敢太累更不喝酒，肝不舒服的病症逐漸消失。由初期每一個月追蹤檢查到後來每兩個月、每半年追蹤檢查，我的肝功號能目前都相當正常。

三度肝病發作，飽受病苦折騰，深刻體會到健康的重要，尤其，如果家有父母、妻子、兒女要照顧的朋友，千萬要愛惜自己的身體，在外喝酒應酬不要逞英雄，否則身體出現狀況，苦的是最愛的家人。因為，根據我的經驗，來探病的至親好友中，能連續來個三、二次的就很難得，何況大家都有家、有工作，現實的環境得為各自的生活而打拚，友情的關心、精神上的鼓勵，已屬難得。

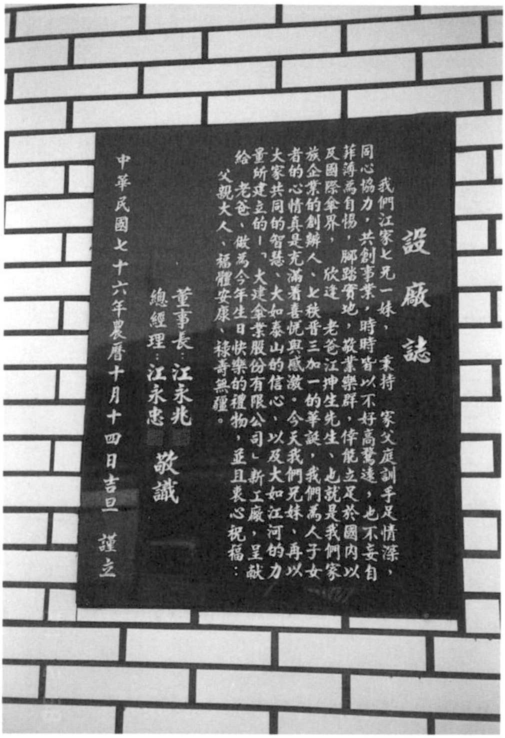

【新廠 · 新心臟】

大建新廠落成，成為江家製傘的新心臟，而這顆強而有力的心臟，所有的跳動，所有的榮耀，全都歸給創辦人父親江坤生。

水火無情，人間無晴

八十年間，位於南上村的工廠住家，一樓出租給光學眼鏡公司做為廠房，因眼鏡工廠製作隱形精密鏡片、不能有任何污染，採無塵、封閉式廠房設計，陣日有空調、調節室溫，家人則住在二、三樓，一回我正好從大陸工廠回家，三更半夜突接獲樓下眼鏡工廠保全人員打來電話，表示他們由保全系統發出的訊息查覺樓下有異狀，請求我下樓察看。

於是，我趕緊下樓檢查，赫然發現眼鏡工廠內濃煙瀰漫，悶燒的溫度遽升、發出可怕的玻璃爆炸聲，火舌猛烈四處竄起，我驚嚇的上樓大聲喊叫睡夢中的家人，急奔到住家附近的公共電話報案，拿起電話筒報案時，一度驚慌得無法說出火警現場地點，當聽到消防車聲音近時，才漸漸回過神來。雖然該起火警經消防人員抵達搶救，未釀成巨災或其他傷害己是大幸，半年內家裡還是有清除不掉、厚厚的煙灰塵，事後想起仍心有餘悸。

「水裡來，火裡去！」前有桃園假日大飯店游泳池溺水意外，此次又有家中失火事件，「水火無情、生死有命」，讓我對生命更加珍惜，也更把握人生的每一次相遇，種下日後經營天珠，改變我後半生的善緣。

【牽手．牽掛】

我一生水裡來火裡去的，幾度徘徊鬼門關，完全靠著靜枝的輔助才能走過來，這樣的牽手，這種甜密的牽掛，誰說人間無情！

好運嘛會輪到我

第三章：一支傲骨撐起來的小洋傘

第三章：一支傲骨撐起來的小洋傘

這一支支毫不起眼的台灣小洋傘，不但為地球撐起了半邊天，也為我們江家改善了生活，並締造不少傲人紀錄。

隨著時代的進步，現在的３Ｃ產業仿如當紅炸子雞，如果要跟年輕一輩的人提當年的「客廳即工廠」，恐怕都會被笑：真是ＬＫＫ！

但是，台灣如果沒有當年的「客廳即工廠」，也就沒有當年的台灣奇蹟，更沒有足夠的養分來造就現在的３Ｃ產業、半導體王國。這一段加工廠的日子，其中辛酸雖然早已遠離，但我仍慶幸自己有幸參與。

民國六十年到七十五年，台灣經濟正欲起飛，為脫離貧困生活，當時擔任省主席的謝東閔推動「客廳即工廠」政策，許多家庭婦女利用客廳從事加工生產，台灣的製鞋業、製傘業、製帽業、聖誕燈飾加工等各種加工產業，紛紛以價美物廉的製成品外銷全世界，為台灣締造了多項傲人的世界第一紀錄，這個時候的台灣如同是全世界先進國家的「大工廠」、「ＯＥＭ廠」。

就在這股「客廳即工廠」的大氛圍下，江家陸續投入製傘及相關企業，並且由單純的加工到生產製造，甚至研發各種洋傘產品，也由於品質優良，行銷全世界，為台灣的外匯市場創下良好成績，每年榮獲經濟部頒獎表揚。

這一支支毫不起眼的台灣小洋傘，不但為地球撐起了半邊天，也為我們江家改善了生活，並締造不少傲人紀錄。每一項紀錄，都承載了許多有血有淚、有恩有怨的小故事。

愛念書的送貨小弟．做雨傘的半桶師仔

初中畢業後，父親位於台北萬華的家庭式製傘加工廠漸有起色，需要更多人手，繼大哥等三、四個兄長之後，我也加入生產行列。工作之餘有感學習上的不足，於是在休學二年後，偷偷報考開南商工補校，等考取接到通知，才告訴父親：「阿爸，我考上了開南商工」。父親聽罷，由於實在「缺手

■ 江家的洋傘，締造了許多傲人的紀錄，當年大同洋傘總經理永兆大哥獲經濟部孫運璿部長頒獎。

腳」，他仔仔細細端詳了一會兒，還是毅然同意我利用夜間繼續讀書。

進入開南商工補校就讀是辛苦的。平常，我除了做學徒、學製傘工夫，從縫傘、裁布、檢整、捆貨、包裝外，也常常要騎著一台有寬大後椅座、可以載五打傘左右的大腳踏車，送傘到新店、景美、三重埔、士林、南港等台北近郊的百貨店、或市內的百貨公司交貨，有時，還得載貨去環河北路台交貨運或中連貨運托運貨品。

由於我個子矮小、車大、貨重，常常連車帶傘一起倒下。遇到下雨天，生意更好，卻更辛苦！晚上趕去上課，時常遲到，白天工作累，上課偶爾會打磕睡，還好補校功課不很嚴。我讀的是商科，課程有會計、簿記、經濟學、銀行貨幣學等與商業經營有關的科目，珠算必須檢定三級通過才可以畢業。當時的珠算檢定，我是拜託好同學、綽號『愛睏仔』代考的，雖然不應該，但實在沒法度(沒辦法)。

因為讀的是商科，一些基本的成本概念與會計帳務的處理，對日後運用在生意商場上，有很多助益。也因為是在休學兩年後重拾書本，自然格外珍惜，所以很用功、也很認份，白天工作、晚上讀書，不但不以為苦，並欣喜收穫多。

整體說來，三年的補校學業，基本上還算順利，期間最難過的是阿母在我十九歲、讀高二那年病逝，那張高職的畢業證書，沒來得及拿給阿母分享，成了最大遺憾。

高職唸到第三年，家中經濟漸漸好轉，父親買了一台可以載貨的機車，讓我們送貨，在民國五十五年的時代，能夠擁有全新的機車送貨，已是相當令人羨慕了，我永遠記得有一次騎機車到學校，同學們欣羨的說道：「江永忠家有錢了！」當時不免挺得意、騷包的。

也許就是還蠻喜歡唸書，因此，日後即使在七十一年當選桃園縣第十屆縣議員，為了有正當藉口減少無謂的交際應酬，我又萌生「上學」的念頭，再利用夜間就讀桃園縣萬能工專（現今萬能科技大學）在職進修班，選讀工業管理科系，期對家族經營製傘企業的經營管理有便助益。

說起「我們這一班」，在學校可是赫赫有名的班級，四十多位班上同學，除了因為我年齡次長，被稱為「二師兄」，同學們幾乎都是在職者，其中有前桃園農田水利會會長徐振通之子、華隆公司副廠長、ＲＣＡ工廠的高級採購員、銀行經理等等，唯獨我是當縣議員的地方民代，身份特殊，但我確實是為求知而上課，正職的三年學習而畢業，並非為政治選舉的文憑而去進修。

晚上離開交際應酬的「酒攤」、「歡場」，在校園裡是最最快樂自在的……只除了一科惱人的微積分。由於讀的是工業管理，微積分是必修科目，但是我既讀不會、也讀不通，某天偷偷把這個困擾告知議會同仁朱樟興，沒想到朱議員熱心的為我找了一個免費的家教老師——他的兒子朱立倫。

朱樟興議員就讀台灣大學的兒子朱立倫，從國小到初、高中讀書都是第一名，見到長輩滿是笑臉迎人，對叔字輩的我功課不僅，熱心指導，並且利用時間為父親及多位議員撰寫質詢稿，文筆流暢，又有內容，同屆議員都非常羨慕朱樟興有子如此優秀，咸認其子未來大有可為。

有了好老師，微積分念起來就沒那麼索然無味，也就是微積分給我的信心，讓我終於能高分畢業，同時在萬能工專畢業典禮上，連校董都親自頒獎給我並與我合影，肯定我擔任地方民代，仍認真上進。

當然，事隔多年後，我那個「年輕的恩師」、「免費的家教老師」朱立倫，自美深造返國應聘於台灣大學擔任教授，民國八十六年回桃園參選立委，高票當選，三年後經國民黨提名又參選桃園縣長，成為全台最年輕的財經縣長，再四年後（民國九十四年底）朱立倫尋求連任，獲得縣民全力支持，以超高票、壓倒性勝利連任縣長寶座，果然成就非池中之龍。

我喜歡讀書，並不是掛在嘴上說說而已。甚至在萬能工專六月間畢業後，適巧地方上有人相約前往夏威夷大學做短期進修，我也是第一個報名。心想有機會讀書是充實自己，於是與議會同仁邱創良結伴前往。在夏威夷進修的二、三個月，哥倆同住一室，有了更多相處機會，獲悉彼此都是家中的第五個兒子，愈聊愈是投機乃建立兄弟情誼，最後還因此

【好友・恩師】
朱樟興議員夫婦是在政壇上的好朋友（上），而其子朱立倫則是我的恩師，沒有他的微積分指導，我恐怕畢不了業。（下）朱博士在美求學時，給世叔兼學生的書信。

New York University
Interdepartmental Communication

永忠世叔：

接獲來信，甚感意外，除對您的隆情厚意甚為感動外，更對您的明智抉擇及勇氣，感到衷心的佩服。對於您的來信及"議士沉思"一文，侄不斷詳讀數遍，並與朋友分享。畢竟以您閱世之深及處世經驗多，都足於作為我們這些尚未涉世的"新鮮人"的座右銘。

早在去年家父告知您不再參選的決定時，侄就感到甚為意外與惋惜，但經家父的解釋及個人的深思後，就已對您的決定有了充分的理解。而今您的來信，更讓侄支持您的明智決定。

政治原本就是服眾人之務，其本意是高尚的，而決非今日的一些污穢與歪曲。當初您的參政，必然也是抱着一股崇高的熱忱與理想。四年來您與家父及幾位世叔(姑)因共同理想而結為金蘭之交，為地方議壇帶來了一股清流。雖然這股清流沒有能完全扼制住那歪邪與偏曲，但畢竟也為子侄輩樹立了良好的典範。將來若有機會，侄等必將之發揚光大。這也就是侄一直秉持着信念與理想。

來到美國已有一段時日，這些時以來，除了課堂上學到了最新的知識，更有環境與周遭事務的衝擊，讓侄學到了許多在國內學不到、看不到的事情。"開闊心胸，增廣見聞"該是除書本外最大的收穫了。而您今也同樣在四十之年毅然留學，也必然大有所獲。在此常可見過了不惑之年的人同樣地坐在課堂上，即使教授比他年輕，但僅"學有專精"一點就足夠讓他們坐下來聆聽了。老美這種認真求知"活到老學到老"的精神應該就是創造他們今天不斷進步的原動力吧！

最近經濟普遍衰退，不知您的洋傘事業近況如何？未來計劃如何？很想有機會聆聽您對未來事業的計劃與抱負。課餘更望您的來信，給侄指導、並敘家常。

敬祝 學安

侄 立倫 敬上
75.4.28

【念書．念舊】

不知為什麼，我就是愛念書進修，從夏威夷（上）、日本（中）、到萬能工專（下），對這些陪我走過校園歲月的同學、同窗，我都特別感恩。

成立「五男連心會」，以感念阿母生子眾多及辛苦養育之恩。

夏威夷短期進修回國後，議員任期即將屆滿，各界關切、鼓勵繼續參選聲浪不斷，令我為政壇進退取捨相當苦惱。一天父親前來找我，一席「阿忠，你如果再參選議員，以後所有的兄弟中，你的財產會越來越少」的說法，讓我有了決定。父親認為：「名利不能雙收」，當議員為地方服務，人情世故，只有付出、沒辦法賺錢。體會父親用心良苦，於是暗下決心，議員任滿不再參選，乃全心回歸製傘事業。

一支小雨傘，撐起江家一片天

父親年輕時，進入陳合發商號擔任外交業務工作，工作認真打拚，雖受到老闆器重，但因家中孩子眾多，開銷大，吃人頭路收入有限，遂入不敷出，萌生自行創業的想法。卅三歲左右，父親離開陳合發商號，出來自行做小生意，換了許多生意都未成功，過得相當潦倒、落魄，只好回到八德老家為人做零工、耕田；數年後，陳合發商號成立隆發貿易公司，以深受日本人喜愛的台灣土產香蕉交換日本的洋傘（當年台灣還無法生產、製造洋傘），因為亟需可靠幫手加入外交業務行列，獲悉父親生意失敗，為人打零工，請父親重回陳家企業體工作。

再度回到陳家企業，父親依然負責最熟悉的日用品部外交業務拓展，因此接觸到洋傘等各種日用百貨的買賣、銷售，南北各家百貨店、批發商家都很熟悉。由於父親講信用，做人實在，又結交不少朋友，建立了良好的人際關係。

如此在陳家企業又待了七、八年，父親有了更豐富的做生意經驗，此時大哥學做雨傘，二哥、三哥因家境貧困，國小畢業也被送到外地當學徒，大哥學的是做傘、二哥學做木工、三哥學做皮鞋，父親心想，孩子漸漸長大，「商場上陣父子兵」，如果父子聯合共創自己的事業，家人也有個共同目標齊心打拚。

父親創業念頭日漸增強，民國四十八年，父親四十五歲，見時機成熟遂辭去陳秋發的隆發貿易旗下正發行(雨傘部門)的工作，帶著三哥永仁在台北長安西路一處巷子內承租房屋，做起小型洋、雨傘加工廠，並請來二、三位工人幫忙。

做了兩年，為了把生意做大些，父親搬到承德路加購了設備，同時因為該處房子較寬敞，所以把鄉下的妻小全部接來同住，自此我們全家才開始落籍台北，而我則每天坐火車回鶯歌唸初中。在父兄併肩立足、刻苦耐勞下，賺到一些錢、有了一些資金後，父親再與當時做雨傘布批發的老闆楊錦文，合夥於廣州街做洋、雨傘加工買賣兼尼龍傘布批發，商家名稱為「新日盛」。

廣州街上的房子是楊家所有，台北的房子寸土寸金，前面做為賣傘的店面，後面才是洋傘加工場所。父親認為楊先生出店面，他們有優勢的條件可護「新日盛」，所以我們出較多的人力無所謂。父親認為，合作的條件，我們比較差，楊家的人在店面賣傘，我們就在後面負責製傘、送傘及包裝，父親則全省奔波，出差招攬生意。

那個時候，我雖尚在唸初中，但是每到假日父親就會載一大疊的包裝紙回家，給我一塊錢去買一桶漿糊，要我糊傘的紙袋。初中畢業後，我隨即正式去「新日盛」報到、做學徒、打雜、當童工，這就是我踏入傘業的開始。

由於是合夥事業，條件不相當，分派的工作也不同，看在年紀輕的孩子眼裡，難免會有不滿。「吹鼓吹的，會累死抬轎的」、「出嘴巴的，累死出力的」，我們江家的幾個兄弟，沒有輕鬆的店面工作，而後面的製傘粗重卻由我們負責，不時發出抱怨，但父親一再告誡，合夥做生意，大家歡喜做、甘願受，沒有永遠的輸家、也沒有永遠的贏家，有捨就會有得，有委屈要忍耐。

也就是因為「歡喜做、甘願受」，我十七歲那一年，父親與楊先生合夥的生意越來越好，為拓展更廣的洋、雨傘市場而相繼在台南、高雄開了分店，店名「隆盛洋傘行」，我被派去位於台南運河邊的中正路隆盛洋傘與楊先生的兒子楊其國一齊看店。記得當時母親不放心我到遠地，特別從萬華坐火車去看我，我們坐三輪車去赤崁樓玩，與母親在台南火車站惜別時她眼睛紅紅⋯⋯

楊其國大哥大我十三歲，當時己是英俊的少年兄，風度翩翩，不但會繪圖、做生意，講話也有內涵，楊大哥負責店面做生意、我仍是做雜工小弟，順便學習做生意，他很疼我，跟他在台南的那一年多，向他學了很多東西。

台南店面經營一年後，結束營業，我被調回台北；不過，楊大哥在台南結識一位任職於電信局的漂亮小姐，後來結為夫妻，台南開店楊大哥娶到水某，是他人生最大的收穫。

父親與楊先生合夥做生意之前，就在大理街尾買了一間一樓半的平房，當時的價錢為十五萬五千元，為了增加收入，曾將半樓出租。與楊先生合夥期間，母親生病、去世，家庭遽遭變故，遂於五十四年間、阿母過世不久，結束合夥事業，並將舊屋賣掉。父親將結束合夥分到的錢，以五十五萬購買同條街另一戶住家店面，做為住、商兩用的製傘加工廠，正式命名為「萬華洋傘行」，並於廣州街，租下一間店面做為「艋舺雨傘店」，從此逐步開始「以父親為領導中心、大哥永兆負責企劃、家族成員共同打拚」的製傘王國事業。

永兆大哥—台灣出名的「雨傘博士」．有可以撐船的宰相肚

「萬華洋傘行」、「艋舺雨傘店」銷售「金龍牌」雨傘，除了店面賣傘，還做全省的大小批發生意，在各縣市百貨店、商場，台北郊區及台北市一帶的百貨公司，江家生產的雨

【大哥・大量】

大哥書念的少，腦筋奇好，也是江家兄弟間最有大量的人，不用投票表決，早已榮登我們江家最受尊敬的「掌門人」。

傘美觀實用，受到市場歡迎，生意興隆，員工激增，沒幾年，就買下承租的「艋舺雨傘店」，改建為五層樓樓房。

有感加工做傘的生意大放光芒，頭腦動得快的大哥開始思考要做雨傘材料的雨傘骨，因為大哥不僅學過做雨傘，也曾在基隆吃頭路，並且在景美「台灣洋傘骨工廠」研習過傘骨的技術，有三、四年的經驗。於是大哥找來吳富明、楊慶嵩、翁卿雲、楊忠義等人，在二重埔的光復路及五谷王廟附近，草創了大同傘骨廠，開始投入製造傘骨的研發工作，期能早日擺脫長期來需仰賴日本的原料與技術的弱勢，以增強市場競爭力和獲取利潤，但是背後當然也有風險的存在。

然而，個性較保守的三哥當時並不認同大哥的看法，譏諷「大哥亂搞、會把家業搞拷掉」！因為大哥曾經在十七歲時，在鶯歌創業開雨傘店失敗過，以及當兵後，也在蘭州街大龍峒附近，與同業先輩們合作，採土法煉鋼方式，試圖製造傘骨材料的鋼槽骨，因為技術不成熟慘遭失敗。兩次的經過，使三哥對大哥有所擔心。

所幸，大哥的專業執著及努力，使大同傘骨廠突破了多方困難，終於成功研發了三折傘骨，轟動全省。隨著人手的需求，大哥找回婚後自行做木工的二哥，重回家族的製傘事業，加入傘骨廠與合資股東們一齊打拚。

大哥主導下的製傘骨技術不斷創新、改進，生產順利進行，業務蓬勃發展，員工不斷增加。小小型態的二重埔工廠已無法容納，遂把傘骨廠擴充搬到中和員山路，加裝機器及設備，並設立電鍍部，開始正式量產三折骨傘。適值台灣經濟正要起飛，各行各業開始百花齊放，我剛好也在五十九年初退伍，加入工廠的行列，在員山工廠協助二哥管理，積極進行人事整頓、建立制度並汰舊換新部分設備，使工廠展現欣欣向榮的前景。員山工廠生產效率的提昇，使製造的三折骨傘、中棒零配件等，達到外銷產品的優良水準。

協助二哥管理工作的我，也需兼任送、載貨司機，因此送貨到下游廠商，結識杜金元電鍍工廠老闆的女兒杜靜枝，交往一段時日後共譜今生緣。

積極性強的大哥，在沒有貿易商、代理商協助下，想出參加「國外旅遊團以開拓業務」的方法，當其他團員去觀光旅遊時，他則單槍匹馬、提著一只大皮包，內裝大同洋傘的產品、相關資料，去拜訪華人開設的百貨店、百貨公司的業務部，接洽洋傘訂單。

■ 結婚20週年時，靜枝與我的岳父母（左）、民國六十一年的結婚照（右）。

大哥第一次出國找訂單是到泰國，除了早晚回到飯店睡覺，其餘時間都是去找商機，當團員玩得盡興由旅遊國回到台灣時，行李是滿滿的採購商品，而大哥也豐收滿行囊，只不過他裝的是，一步步打開江家洋傘外銷市場的訂單。秉持著這種「不怕苦、能吃苦」的打天下的精神，大哥陸續接到香港、泰國、新加坡、馬來西亞等東南亞一帶地區的訂單。

隨著外銷市場的拓展，廠房設備也日益更新，我們更增設成品加工部，安裝冷氣，提供生產線員工更舒適的的工作環境，當然也提高了產能與品質，大同洋傘的名氣也迅速在國內、外打開，連對品質要求最嚴苛的日本訂單，竟然也接到了手。

令人好奇的是，才國校畢業的大哥，竟然會說日本話，看得懂日文、會修正出口報單及INVOICE　PACKING LIST上的英文錯字，也看得懂國外開來的英文L/C（信用狀）的內容。原來，每天超時工作的大哥是利用工作閒暇，聽收音機、錄音機語言教學的自修方式，學會日文與簡易英文，大哥並非天才，而是「有心、用心學習」，其苦學、好學精神，令人敬佩。

民國六十一年，眼光遠、力求創新、求變的永兆大哥向父親提出覓地建廠構想，當時南北高速公路正在興建，父親與大哥都想落葉歸根，決定回到桃園找廠地，在很多考量下，以交通便捷為首選，在南崁交流道附近，覓得佔地約三千坪的田地，以一百廿萬元買下。大哥隨即構思籌建理想新廠的藍圖，在建設新工廠的一年多裡，父親每天都戴著笠帽去監工。

民國六十二年，那塊土地上出現了做傘骨、成品傘、電鍍(包括有合格的廢水處理設備)、員工福利大樓(含餐廳、男女宿舍)的四棟嶄新、現代化廠房，還有籃球場和標有「大同洋傘」四個鮮明紅色大字的超高儲水塔，在江坤生題字的『大同橋』連結貫通下，與面臨南崁大路邊二層建築的新型辦公樓連成一體。

遷廠是瑣碎又辛苦的，新機器設備的安裝，生產流程的規劃，大哥、二哥用了很多心力，而為了因應新工廠將近二百名員工的招募，人事、總務、倉庫、財務、會計等行政上的管理，則由暫時掛名副總經理的我擔當，因此，我心中雖高興著新廠的誕生，卻也有能力不足的惶恐。

六十二年間，進入企業化的大同洋傘公司新廠熱鬧啓用，由父親擔任董事長、大哥任總經理、二哥當廠長，六弟永乾為副廠長，協助廠務推動，我則階段

■ 大同洋傘公司全貌。

性任務完成，回歸總務、財會經理，四哥在台北辦公室任業務經理，負責接單、進出口貿易、報關及退稅，三哥則固守萬華，繼續做江家賴以起家的洋傘批發市場基礎本業。兄弟各站崗位、各本職司、通力合作，由於新廠設備新、效率高，產能日增、品質穩定，外銷訂單源源不絕。

為了增強市場競爭力，降低生產成本，大哥購買大批做傘用、價廉的白色疋布，自行研發如何設計傘布花樣、調染各種圖案、顏色以及開發新型傘骨的製造技術，甚至連傘柄、傘頭、傘尾的材質與形狀都去改良。尤其大哥對許許多多與傘相關的零、配件發明及開發都不遺餘力，不僅申請到珍貴的專利權，也為我們江家創造很多財富。

此外，在桃園市慈文路購買舊廠更新的大山製傘，雖委由我擔任總經理，負責全盤的規劃、籌設，還是在董事長大哥的指導及技術轉移下，才能快速投產，搭上經濟起飛的列車。在春日路邊水汴頭成立的同建金屬廠，也不只是生產傘骨零、配件，更由大哥從日本進口自動化的製傘機器設備，與機械師傅黃正雄等，共同將機器拆解、日夜苦思、研發如何重裝、改良，而成功的開發出自動送料加工機及運轉快速的天地機，轟動國際。大哥無師自通的本領，連日本人也看傻了眼！

大同洋傘在大哥的金頭腦創新開發，及以父親為領導中心的經營管理下，於民國七十年間成為全台製傘大廠之一，聲譽更是如日中天；同時為台灣製傘業的精密技術創立新里程碑，也為台灣的洋傘工業帶入一個新的領域，可說是台灣經濟奇蹟的另項驕傲。如果台灣有一所雨傘大學，被國內、外製傘業界尊稱為「雨傘博士」的永兆大哥，出任雨傘大學校長當之無愧。

【工廠．籃球場】
江家的製傘廠相當重視員工福利與休閒，早期籃球場更是人氣旺盛、眾星雲集。

尤其，當以家族成員為主的的大同洋傘企業，隨著事業版圖的擴大，在「一盤小魚干、全部都是頭」的道理下，兄弟間因各自的學識、觀念、經營方針互不相同，難免出現磨擦時，全賴寬宏大量、百般包容的大哥，撐起他的臂膀，護守江家。大哥經常說：「阿母去世前有交代「家和才能萬事興，有能力的，就多做一些，攏是為兄弟啊！」謹守著阿母臨終的交待，大哥無怨無悔的付出、犧牲，善盡長兄如父的重責大任，俗話說：願有多大、心力就有多大，這句話在大哥身上充分展現。

見證從洋傘王國到夕陽工業

台灣傘業之所以鼎盛，是因為民國六十年代年初期，日本工資漸高，加工產業成本增加，利潤漸薄，日本被迫放棄傘業製造市場，又因當時大陸市場封閉，日本人遂將製傘技術轉移至台灣，利用低廉勞力生產傘類用品。聰明的台灣人學習到日本人轉移的製傘技術，結合當年台灣政府推動的「客廳即工廠」政策，將傘骨、傘布的手、車縫工作放到民間做，民間婦女利用自家客廳，結合左鄰右舍三五婦女，就在自家做起生產加工工作，一方面增加家庭收入貼補家用，另方面也可以兼顧家庭。

民間這種客廳即工廠的情形，當年蔚為流行風潮，緊鄰大同洋傘相關企業所在地附近

【洋傘．揚善】

擔任製傘公會理事長期間，舉辦國際性產業座談、懇談會、捐贈活動，只為了讓遮陽的洋傘更發展，也能與公益揚善相結合。

的桃園市、八德鄉、大溪鎮、龜山鄉、海湖村一帶鄉鎮市民間，有數百家為我們傘加工的客廳工廠，日夜為傘類半成品忙碌，而我亦經常得親自到各處客廳工廠，收回將半成品雨傘做好的產品，因此對桃園縣許多鄉鎮市街道相當熟悉，也與地方熱心民眾打交道。

台灣婦女利用客廳當工廠，不眠不休投入加工生產行列的勤快生活，創造了台灣富裕的榮景，也使台灣政府的外匯年年增加，同時締造台灣是全球製傘王國的傲人成績，而這種傲人成績，在製傘王國的台灣傘類製品的生產，則以桃園、彰化兩縣為生產加工重鎮，桃園縣即高佔三分之二的傘品生產量。

台灣製傘業鼎盛時期，大哥不僅是領導我們江家相關事業的龍頭，更因其始終肩負業務拓展、外銷接單以及產品研究創新的第一線最辛苦工作，而我則負責企業內部的管理、人事、財稅、會計、庶務、公共關係等內勤性工作，有時必需在外面與人應對、往來，因此結交各方朋友。

七十年間受到製傘同業鼓勵，我投入桃園縣議員選舉，登記參選的選區當時為桃園市、八德鄉、龜山鄉三個鄉市為同一選區，參選人數有五十二位，應選十四人，我以卅五歲年齡高票當選第十屆桃園縣議員。

擔任縣議員期間，因熱心地方大小事務，受到肯定，七十一年間榮任台灣區製傘工業同業公會理事長，翌年獲政府遴選安排為全國工業總會監事，與企業大老辜振甫等知名企業主，同為該會核心會務人員，為製傘同業爭取權益。

擔任台灣區製傘工業同業公會第三屆理事長三年期間，凡事認真扮演角色、作風務實的我，不僅改革會務、整頓公會、發行會刊，更舉辦國際性中日韓洋傘高峰會，圓滿風光，表現一點也不漏江家的氣，但這種力求會通人和作風，往往是我得自掏腰包、自行付費。例如：會員大會宴請會員代表，花錢為公司做公關形象、為兄弟撐面子等，在在都得付出，自我奉獻。這就是我公私分明、坦蕩的行事作風。

除了獲製傘業推派擔任全國性製傘公會要職，為了凝聚桃園縣製傘業界力量，我亦結合製傘同業創立桃園區洋傘聯誼會，發揮互動、互助、互信的精神，排憂解難，出錢出力。行有餘力，並參加獅子會、扶輪社等社團參與社會公益，及擔任桃園國小、桃園國中學生家長會長關心教育文化推動，期在死去活來的有生之年，能盡多少力就盡多少力，用心回饋社會、關懷地方。

然台灣製傘王國的榮景在維持十五年左右，因為電子業竄起、人力成本逐漸調漲，人民生活逐漸富裕以及七十年代「大家樂」興起，民間賭風熾盛，人們不再認真工作，沈迷於夕間中獎及股市浮沈的發財美夢，影響各種加工產業的生存發展，加上此際間大陸開放，陸方勞資低廉，人民勤快易管理，大陸遂逐漸取代台灣在國際加工廠的地位。

在台灣生產環境日益惡化、產銷結構丕變，加上政府未有良好對策因應時局，台灣製傘業者於是紛紛出走前往大陸設廠。

大同洋傘在當年台灣製傘業佔有重要一席之位，但對前往大陸投資設廠，因兄弟長年合作製傘企業，日夜相處、意見迭有紛歧，加上父親年歲漸高，因此躊躇不前，縱使曾是台灣製傘業的一方霸主，奈何也只能眼見製傘業者一家家出走，二百多家已出走一百五十家，體現台灣製傘業已見夕陽，但我們仍停留苦思是否前往大陸設廠的猶豫決策。

對台灣製傘業曾居龍頭席位的大同洋傘，遲未前往大陸設廠，傘業界開始有耳語「因為大同老董年歲已高，不管事，兄弟不同心，所以無法到大陸投資設廠」，面對各種蜚長流言，我多次向父親提出到大陸設廠念頭，但都遭父親以我有肝病、不容過度操勞為由，百般阻止。我當然知道，父親疼惜兒子、一切以「留得青山」為要的苦心。然在一份執著與理想、一份不認輸的信念堅持下，民國七十九年，父親仙逝的第二年，我挺著只許成功、不許失敗的重擔，踏上大陸市場，展開大同洋傘第二春之行，延長了江家十年的洋傘事業壽命，也做了一場酸甜苦辣的大陸夢。

隨著年歲漸長、豪氣不再，回顧與前瞻，時勢比人強，阿陸仔產銷的洋傘，已逐漸取代了先前的台商，所以我在民國九十年適時圓滿收場，卸下肩上的重擔。

■結束洋傘事業，難免有些傷。

為了感念對雨傘的一世情，九十四年十一月二十日，在桃園區洋傘聯誼會新舊任會長交接典禮的晚會，我發表了一首洋傘之歌—難忘的小雨傘，歌詞內容為：

洋傘之歌—難忘的小雨傘（台語發音）

（一）唱出著一條歌　一支可愛的小雨傘
是我賺錢的飯碗　也改善了人的生活
隨著環境的變化　做雨傘的路　是愈歹走
可比親像啃雞爪　丟棄不甘　要吃又無肉

（二）難忘的小雨傘　也時常唱著這首歌
是我懷念它感激它　何況還有人需要它
想著世界這呢闊　無論是下雨天日頭大
一支小雨傘這首歌　永遠唱抹煞（唱不停）！

江家傘業的風光、伴著有喜悅的滄桑
沒有再做雨傘、難免有所感傷
但是長江後浪推前浪
爲了人類不被日曬、不被雨淋
永遠有人繼續在做傘！

■桃園區洋傘聯誼會新舊會長交接，右起創會長江永忠、舊會長劉秋雄 、新會長李銘智、副會長江永乾、邱景照、郭進財。

【中日洋傘交流】

民國七十三年台灣區製傘公會十週年會慶，日本洋傘振興會橋本亮會長率五人代表團專程來台參與盛會。（前排左起）常務理事曾茂彬、歐長松、理事長江永忠、會長橋本亮及二位代表、前常務理事江坤生、前理事長陳添福、前常務理事江永兆。

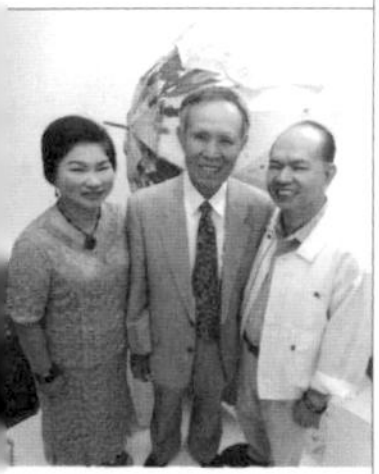

第四章：議壇政壇（一）我的議員之路

好運嘛會輪到我

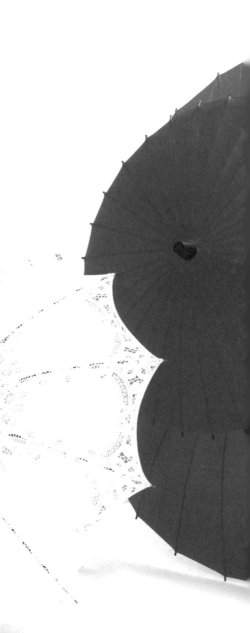

第四章：議壇政壇（一）我的議員之路

當選議員眾人扶．有公有私也耀祖
花錢出力為人來服務．內心有苦楚
掌聲雖處處．背後很辛苦
阿忠性正直．不適參政路
留些名聲在人世．急流湧退斷選絲

民國六十二年到七十五年，是台灣製傘業的光輝時期，行銷全球的台灣傘，讓台灣贏得台灣製傘王國的美名，而台灣生產的傘量，桃園縣高佔三分之二，製傘業在桃園縣的力量不容小覷。

七十年三月間，稅捐單位突函文給桃園縣製傘業者，要求業者自行呈報稅務資料，許多同業搞不清楚狀況，加上當時的稅務系統尚未正常化，同業不知如何因應，故央請略諳企業財稅的我協助，因此，我主動邀請稅捐單位承辦人員，前來參觀大同製傘廠，實際了解製傘業者的製造流程、原料耗用、產銷結構以及相關上、下游加工廠的盈利情況，以利其針對製傘業者的查帳準則擬定辦法。

由於曾獲製傘同業推派委請我與稅捐單位接觸，日後擬定的查帳準則，不僅為稅捐單位與企業主建立良好互動管道，同時也為製傘同業們爭取到相當權益，節省大筆稅金，獲得同業高度認同。

於是，同業們深刻感受到：唯有推出自己的專業民代，才有發聲的管道，因此，不斷向父親及我遊説，要找出馬參選第一選區的桃園縣議員。當時的第一選區涵蓋桃園市、八德市(昔日為八德鄉)、及龜山鄉三鄉市，而我居住的地方、户籍就設在龜山鄉，本籍地則是八德市，生意上交往的朋友以及下游的洋傘加工廠，更分布在桃園市、蘆竹鄉一帶，地緣上對我們有利。

我這種具跨三鄉市人脈與地方選民深厚淵源的優勢，深受各方看好當選實力，而我也自感家族事業已面臨成長瓶頸，如能因我參選廣結善緣、提高

■ 當時的宣傳車，照片還是用畫的。

大同製傘企業形象與知名度，並成全父親希望有兒子當上議員，能對地方做些事，為江家留下更多好名聲的心願，參選不啻是美事一樁。因此獲父親歡喜認可，並贊助我現金百萬投入第十屆縣議員選舉。

花錢選議員，花錢做議員

第十屆縣議員選舉，登記參選者眾，多達五十二人，應選十四席，製傘業界、江姓宗親首度有人出馬參選地方民代，遂全力總動員，父親昔日的老同事成立的陳合發聯誼會，感念父親平日付出多，亦主動加入選戰幫忙，選戰期間，各方助選親友主動投入輔選，張貼競選海報、拜票，好不熱鬧、溫馨，高票當選，花費競選經費三百萬，對惜情的我而言，卻感到厚重的選舉人情債。

■ 花錢做議員，父親說：「有做過就好，身體要緊。」

尤其，我能夠順利當選，不能不感謝當時在大同洋傘公司擔任總務主任的黃國瑞先生幫忙與協助，甚至於選後四年的選民服務工作，更為我分憂解勞，讓我永難忘情。

以無黨籍選上桃園縣議員後，國民黨地方黨部以我入伍曾入黨為名，宣稱我是國民黨籍議員，主動拉攏，議員任內並安排我擔任黨部組織的民眾服務社理事長，妻子靜枝則經縣黨部婦工組安排出任工商婦女協會創會會長，這些職務都是要出錢又出力，然因盛情難卻，只好受命。

當選新科議員因自覺欠了許多人情債，平時收到紅白帖，除了喜帳、輓聯送去外，還準備禮金、奠儀以免失禮，遇選民請託前往政府相關單位協助處理，事情圓滿處理完畢後，為示感謝通常又自掏腰包請客。由於擔任議員沒有包工程、也不願受聘特殊行業別顧問職，當時議員薪資每月萬餘元，沒有現今所謂的助理津貼、地方建設補助款經費，每個月開銷十餘萬，都由自己支付。

因此擔任議員一年，交際應酬費用就高達百萬元以上，加上競選經費，四年下來花費近千萬元，以當時南崁地區房價，這些費用可以買好幾棟透天樓房，就算是桃園大廟附近的黃金店面，也可以買下一間。因此，疼愛兒子的父親，在我議員即將任滿前，以「名利無法雙收為由，身體健康為要」，勸我早日淡出現實政治圈，全力投入家族製傘事業。

【旅行．修行】

擔任議員期間與同仁前往各地考察旅行，增廣見聞，用在地方建設上，豈不是也是一種修行。（上）副議長呂芳雲率隊金門勞軍，（中）徐松川、陳星煌相偕前往韓國，（下）劉建堂、徐松川與我赴日本考察。

看盡議壇百態，品嘗人生百味

議員任內付出雖多，卻因地方民代來自各階層選民的支持，議會宛如「百態社會、百樣人」小縮影，豐富我人生歷練。回想起桃園縣議會第十屆正、副議長選舉，國民黨提名連任的議員鍾維炫與陳寶長競選正、副議長，卻由未獲國民黨提名、自行參選的吳烈智、呂芳雲獲多數席議員支持當選。

選舉議長前幾天，有一次議員集體聯誼，搭乘遊覽車出遊，車子駛出桃園縣開到金山海邊一家飯店過夜，記得多位議員迫不急待，就在餐廳起鬨助興，拿來碗公、開始玩起「抓十八啦」，我好奇在一旁觀看，有多位年輕、看似古意的少年議員，拿出賭金押注，不一會兒即被臉上有些霸氣、而身邊又有朋友保護的某議員，瞬間贏走大筆金錢。後來才知道，這位同仁黨、警關係亨通，當選議員常有媒體報導善行，有大善人稱號、也是大智若愚的大牌議員，所以連任了好幾屆。我想，其成功之處，也許與平日為民服務工作做得好有關。

早期的議會老舊、窄小、空間不大，議事堂、餐廳、辦公室以及議員休息室都緊連在一起，二十多年前被了解議會文化的人稱為：有牌的議員娛樂中心及賭博場所。我曾親眼看到最熱鬧的時刻，現場有二組麻將、二桌「抓十八啦」、一些人在推筒子，還有人在玩十胡，加上一些圍觀的，有點像澳門的葡京及韓國的華克山莊，這種娛樂聯誼活動，小警察是不會來關切的，因為所長、局長有時候都要來和議員吃飯或開會。

目睹議會同仁百樣款，也感受到縣府官員在議會開議前，為與議員套交情，主動邀宴、喝酒搏感情，甚至酒歌舞色樣樣來，目的只要預算通過、質詢時不要太出力。一回，有位議會同仁因選民請託，受到消防單位長官刁難，暗結樑子，結果，在議會開大會審查預算時，該議員遂以『要看消防車是否要維修』為由，當場要求警察局長通令下屬消防隊長，立即調度消防車開到體育場前檢閱，始同意通過警局預算。

不消片刻，數十輛消防警車鳴笛呼呼大響，大批警消裝備齊全，火速抵達體育場，不是為救火而來，而是接受議員校閱，讓新科議員的我大開眼界，再次體會議員的權力有多大。

問政犀利、內容鏗然有力、關係亨通的議員，辦起事來，官員不敢馬虎；反觀做事不認真、問政無法切中要害、沒內容又不經常開會的議員，官員即表面應付；也有議員因為沒有好人緣，提案連署竟無同仁附議；也有議員一任四年屆滿，官員竟還不認得。因此，議員角色扮演，視其認真度、用心度不同，被官員、議會同仁暗中評比為大、小牌議員。

議員分為大小牌，辦起事來力道自然不同，小牌議員提出建議、建設案，官員在議堂表面應允，議會結束後則依法處理，致議員建議案、建設案有如狗吠火車、脫褲子放屁，對這些如「麻薯、鰻魚般」滑溜的惡質官員，正直、正派又心軟的議員，自然徒呼奈何。

議員由選民支持選舉產生，為了經營選區，各樣人都得來往，無法以自己好惡有所選擇，四年議員任內，看到社會生物鏈的微妙關係就像：

警察怕議員→議員怕記者→記者怕流氓→流氓怕警察，一物降一物；有如天地五行、生生相剋。

不大不小的議員，不大不小的貢獻

對議員角色扮演以「做功德、留好名聲」自許的我而言，在議會結交多位志同道合的議員同仁，爭取地方建設，促進地方的發展、繁榮，是我人生最大的收穫。

擔任議員時，八德老家前由更寮腳往鶯歌的11

■ 桃園縣議會第十屆議員合影。

4號縣道，因附近有軍營設置，居民出入得有通行証並受到管制，出入相當不便。當選議員後為回饋地方鄉親，我向縣長徐鴻志提案，協調國防部相關單位遷移該營區、拓寬該道路為卅公尺，徐縣長親率縣府相關主管前往會勘，自此該道路打通、拓寬，便捷交通帶給居民生活方便。

桃園市虎頭山忠烈祠為日本神社遺祉，是重要的文化古績，議員任內出現台灣人拒絕供奉日本鬼、要求拆除的聲浪，我與徐松川議員共同認為文化古蹟豈容輕易破壞，主動找來廟宇專家會勘，舉辦公聽會，四處奔走，請求縣府編列預算維護，為後代子孫保留更多地方文化。

二三十年前的桃園縣政府、市公所，就位於目前桃園市中正路上的舊遠東百貨現址、該地區是當時桃園的政治、文化、交通中心，桃園火車站就在附近，老舊的桃園火車站每天有近萬人出出入入，候車室設備非常簡陋、窄小、凌亂不堪，我與議會同仁連署要求縣府及市公所協商鐵路局，終於為搭乘火車的桃園縣民，爭取擴、整建候車室，民眾不再飽受風雨吹襲之苦。

為發展龜山鄉農業休閒觀光，我還提案開發龜山鄉休閒農業專業區，與時任鄉長的蔡長楓及相關單位召開多次協調會，開闢龜山休閒農業區，帶動各鄉鎮市農會發展休閒農業。

四年議員任內，我提出大小建議案、建設案達二百多件，經相關單位執行推動，達成率約三、四成左右。我認真扮演議員為民服務的角色，目睹形形色色的議員真樣貌，領悟自己忠厚篤實為人處事的作風，不適合在政治這條路繼續潦下去，因此，一屆議員任滿，縱使各界一致看好可再連任、勸進聲不斷，我仍毅然決然切斷選絲，淡出政壇。

七十四年光復節議員任滿前，我公開發表「議士沈思」一文，吐露擔任議員的心聲，也道出做一個現代民意代言人，角色扮演何其不易！內容如下：

時光在奔馳　歲月如箭矢　本屆之議錄　即將要結束
四年的議途　斯時來回顧　有得也有失　頗有多感觸
議員有職司　監督縣政府　爲民做服務　造福了鄉梓
掌聲雖處處　背後卻苦楚　議員心內事　外人鮮少知
選前耗鉅資　當選太忙碌　選民所託付　煩忙又雜複
社會求進步　政治要民主　議會與政府　制衡兼承輔

■ 內人杜靜枝任工商婦女會創會會長時，包括（左起）朱鳳芝、鄭金玲、邱創良夫婦等好友與會祝賀。

議堂常爭執　各自有所思　議力欲展舒　內涵需充實
提昇議員質　方能受敬服　爲公或爲私　歷史會留述
百姓的心目　議員趨低俗　地方瑣碎事　喜慶婚喪苦
疲命於奔赴　花錢且費時　財源若不足　經濟必困住
麻將酒歌舞　邀約不去乎　欲拒難推辭　累壞身體肢
自若缺理智　方向易迷失　家庭之幸福　極易遭損無
事業乏關注　財報出赤字　信念不堅持　前途會曲誤
夜靜自沈思　永忠性溫儒　經驗告訴吾　不適參政路
感受既如此　倦意又萌出　理早斷選絲　湧退於急流
決心做塵士　勤奮求新知　馳騁工商市　亦是報國途
明春屆滿日　源豐新開始　佳節片暇時　心志表於書

江永忠「源豐」自撰於　七十四年光復節

【不歸路．回頭路】
政治是條不歸路，路的盡頭有的被人喊「萬歲」，有的被人喊「萬衰」，但無論如何，對我來說實在不適合，所以，從容放下，只得再走回製傘的本業。

議員卸任，我回到家族製傘事業，以厚植經濟力為要。數年後，一位昔日同屆議員轉戰鄉長，透過朋友向我商借一筆選舉經費，選上後年餘未曾主動提起還款，我遂透過居中友人索討，這時該新任鄉長才帶了鄉內兩箱農產品以及借款償還，利息是兩箱的哈蜜瓜。

遊走政治路若沒有敢、狠、猛的特質，對重信諾、講情義者，無疑是一條辛苦不歸路。

第五章：議壇政壇（二）細數風雲人物

好運嘛會輪到我

第五章：議壇政壇（二）細數風雲人物

選戰期間對手為求勝選，抹黑、攻擊、黑函、離間各種花招盡出，甚至連候選人自己不甚清楚的祖宗八代事，一到選舉就會有對手想盡辦法抖出，而看到候選人發出的文宣品，遭人踐踏、丟棄也只不過是稀鬆平常事。

「選舉無師傅、用錢買就有」。這句話一針見血道出台灣傳統基層選舉、多數人倚靠的「買票方式，求當選」。儘管近年來，選舉文化、政壇生態丕變，但能真正做到選舉不花錢，又能安全當選的，有幾個人？

早期選舉一定要花錢，只是花多、花少，花費的程度不同而已。比如說，選舉要有助選員、競選服務處、選舉文宣、動員工作人員……這些助選員的薪資、選舉期間的伙食費、文宣費用，就是一筆基本開支，真正要來相挺、擔任義工者相當有限；而候選人為了勝選，選戰關鍵時刻，透過樁腳發放「走路工」的買票錢，才是最大筆的選舉費用。

對於以前選務單位高喊的乾淨選舉，曾參與選舉的我認為，那只不過是理想、口號罷了！套句選舉人常說的話，花錢都不一定選的上，不花錢當然選不上了。

至於，有些候選人能夠靠選舉賺錢，這類的候選人通常是指獲得特定族群支持的候選人、或者當選後為民服務勤快，選舉時獲選民感謝、捐款贊助回報，或是時勢造英雄，具獨特政治魅力、有吸票機美稱者，以及背後有特定事業支持者，但這種人畢竟是少數。

桃園縣八德市的榮民之家是政府為了安養來台單身榮民所設，榮民之家的榮民相當多，只該處就有好幾千票，忠黨愛國的榮民，他們的選票通常被喻為是國民黨的「鐵票」。

第十屆縣議員選舉，參選者眾，達五十二人，印製選票只好將五十二位候選人分成二排印製，國民黨提名的候選人朱樟興選號抽中廿六號，就在第一排候選人的最後一位，榮家的選票正好配給朱樟興先生，當時有輔選人員傳達配票令給榮民時，只強調「蓋給選票上最後一位」，一時疏失，漏說是上排最後一位、還是下排最後一位。

有趣的是，榮家的票匭開出來的選票，下排的五十二號候選人竟在榮家拿了不少選票，當時被知情的地方人士揶揄「揀到肉屑」、賺到一些莫名其妙的選票。

選戰、選戰，抄出祖宗八代

「選戰、選戰」講的就是選舉如戰場，不是你贏就是我輸，上場的候選人除了要有無比的勇氣，並要能將己身尊嚴拋之於腦後。選舉期間對手為求勝選，抹黑、攻擊、黑函、離間各種花招盡出，甚至連候選人自己不甚清楚的祖宗八代事，一到選舉就會有對手想盡辦法抖出，而看到候選人發出的文宣品遭人踐踏、丟棄，也只不過是稀鬆平常事。

選舉期間，選民最大，為了爭取選票，候選人逢人就握手、見人就點頭，點到昏了頭，連碰到電線桿都還猛點頭！

有人說，民主選舉選的就是「面子(台語)」。為了拚贏面子，無所不用其極的打擊對手的手段，在選舉期間都會被合理化，人性的醜陋面、貪婪面盡出，花招百出，令選民眼花撩亂，主要目的莫不求自己勝出，打敗對手。

因此，早年桃園市有位政壇人士李發，推出其子李天仁參選立委，為求勝選說出：寧可破產、不能落選！選後果高票當選，但因花費大筆經費，不久也宣告破產，為選舉散盡千萬家產，桃園政壇李發是其中一例。

選舉要花錢，還要四處向人請託、懇請支持，為民服務做好是應當，做不好被笑稱不夠力。選民請託事項，泰半遊走法律邊緣的大小事……民代的素質參差不齊，種種非常現象，使地方民代的聲望、受到選民的肯定度漸低，欲參選的候選人如沒有雄厚財力、強力政黨奧援、崇高理想、服務熱忱、派系力量推動支持、宗親會的輔選以及莫大勇氣支撐，是無法全力投入選戰的。

因此，要贏得勝選，候選人優越的條件、天時、地利、人和、輔選團隊的忠誠、選舉謀略，在在都是勝選要素之一。

【戰場・賭場】

所有選舉，說穿了就是銀子、面子、裡子的大賭場，也可藉此社會資源重新分配。

無黨無派，跨黨操兵

投身政壇期間，雖經國民黨主動拉攏列入黨籍議員，但作風上我並未有鮮明黨派色彩，平日廣結善緣，勤耕基層，長久以來，建立寬廣人脈資源。因此，縣議員卸任後，受人請託擔任陳宗仁、邱創良、徐鴻進、林哲藝、許振澐、呂秀蓮等地方政壇人士競選縣議員、省議員、立委、國代、議長、縣長等不同大小選舉的總幹事、主任委員一職，屢為他人操兵，深入了解許多鮮為人知的地方選壇事。

其中，在許振澐、邱創良競選縣議會議長時，目睹政治的殘與黑，二〇〇〇總統大選擔任宋楚瑜競選總統桃園縣北區總幹事，看到宋先生的政治魅力、幕僚群善用謀略、民氣、鼓動自發性選民的瘋狂支持，感受到那種被群眾擁抱的震憾性。

在廿多年來大小選舉的輔選過程，雖遇少數惜情重義的民代，但也遍看政治的無情、殘酷、黑暗面，令人心寒膽顫，有時捫心自問，長年來堅持的美好理念，到底是為虎作倀、還是為民舉才？

台灣過度追求民主自由，而選民素質參差不一，各項的選舉太多，雖然可以讓社會資源重新分配，但是過度的情況下，往往造成勞民傷財、社會成本內耗，更嚴重的是一次次的選舉，造成人情淡薄、派系對立，族群分裂，損傷國力，令人憂心。

選舉有如一齣上演的布袋戲，候選人如同戲中的傀儡，戲開鑼，鑼聲喧天咋響，舞台金光閃閃，兵馬四出、好不熱鬧；但事實上，通常只是一群烏合之眾簇擁，真正只有核心者三、五人在操控整個選盤(就是所謂的危機處理一組)，並不是像成立總部時，邀請卡上所列的龐大聲勢、輔選陣容，其實很多都是排好看的榜文，自欺欺人的讓支持者認為自己有雄厚的助選勢力。

【選戰．選讚】

選舉應該是選賢與能，對我來說，哪個人讚才重要，黨派都是其次的。

雙胞胎傳奇——陳宗仁、陳宗義

七十四年底我縣議員即將屆滿，因父親一再叮囑、也看清自己不適合在政治圈繼續發展，表態不再參選後，當時有桃園縣鋼鐵大王稱號的陳再興先生，與友人陳國訓兩人一同到大山製傘來找我，表示將推出其子陳宗仁參選桃園市縣議員選舉，期藉由我的人脈與資源整合，擔任陳宗仁競選總部主委。

陳再興先生原為台北大龍峒一帶人士，到桃園從事鋼鐵業有成，熱衷地方政壇事，夫妻倆廣交各方朋友，每年農曆正月初五，於桃園市永安路上的再興鐵工廠內，以喝春酒為由，席開百桌宴請各方親朋好友，當時只要是政商顯要、地方名人都在陳再興的邀宴之列，台灣的大官、小官在這一天都會齊聚一堂，作風阿莎力的陳再興在地方政壇的影響力可見一般。

據說，國民黨要提名那些人參加地方選戰，當年都得徵詢陳再興的看法、同意。陳再興結識不少政壇有力人士，有些人士為「投桃報李」，鼓勵陳再興推出雙胞胎兒子中的長子陳宗仁出馬參選縣議員。由於與陳再興相交的政壇人士實在太多了，唯恐競選幕僚群擺不平，因此接受其好友陳國訓的建議，找我來擔任主任委員，主要是因為我沒有鮮明黨派立場、且不再參選，又可吸收我的一些人脈資源。

受到地方上名望高的陳再興青睞，我欣然應允接受該職務；第一次擔任輔選重任，因陳再興擁有廣大人脈、雄厚錢脈，主動靠攏的各方朋友相當多，所以雖名為主任委員，實際上我並沒有真正進入核心參與輔選的運作，純屬掛名而已。

陳宗仁有父親庇蔭，輕鬆進入桃園縣議堂，七十四年底完成陳宗仁競選縣議員的輔選工作，我也議員任職到期，不久赴日研習，自此較少與陳家有密切連繫，不過「重情義」的陳再興先生，日後每遇到我總以「主委」相稱。

七十八年間，陳宗仁議員屆滿，退出國民黨接受民進黨徵召，與國民黨提名的李信宏競逐桃園市長初嚐敗績，八十二年間由其雙胞胎弟弟陳宗義再度迎戰尋求連任的李信宏，但仍不敵李信宏的基層實力再度落敗。

李信宏也是五連會成員，我們因經常聚會而結識，李當選市長期間，我已前往大陸拓展洋傘事業第二春，閒置在桃園的凱迪拉克轎車，遂暫借信宏兄使用。豈料，李信宏蟬連市長一役，遭「對手指稱其市長任內賺到許多錢，購買豪華進口凱迪拉克轎車」黑函抨擊，事實上該車是我暫借信宏兄使用。選舉為求勝選，黑函四射，無所不用其極可見一般。

李信宏兩屆市長任滿，陳家雙胞胎兄弟不氣餒，八十六年間，第三度參選市長由雙胞胎弟弟陳宗義出馬，當時因民進黨籍的呂秀蓮已拿下桃園縣執政權，在民進黨豐厚的執政資源運作以及呂秀蓮發揮母雞帶小雞的效應下，果然高票當選。四年後，陳宗義市長屆滿未尋求蟬連，轉戰立委，市長一戰由曾經參選市長落敗的雙胞胎哥哥陳宗仁出馬，因國民黨內部分裂，出現多組人馬參選，致陳宗仁高票當選，接下弟弟的市長寶座。

陳宗仁、陳宗義兄弟倆，九十年間，雙雙立下輝煌戰果，分別當選立委與市長，同時創下桃園地方政治史上，雙胞胎兄弟分別當選過桃園市長的第一紀錄。

四戰二勝——徐鴻進

徐鴻進是前桃園縣長徐鴻志的第五個弟弟，也是由我創立的五連會成員之一，曾經是拳擊國手的徐鴻進，經營建築事業有成，因兄長徐鴻志擔任縣長緣故以及經商有成，結識不少政壇人士，八十一年間獲國民黨提名參選立委落敗，沈潛一段時日後，八十五年間獲國民黨提名參選第三屆國代。

徐鴻進與我有許多淵源，除了是五連會兄弟外，也是開南商工校友，還有其兄長徐鴻志擔任縣長時，我是其縣長任內的縣議員，種種的交情與各方關係，徐鴻進要競選國代時，以我過去他數度參選，我都未能協助為由，前來找我，要我無論如何都得出任他的總幹事職務。擔任徐鴻進競選國代總幹事，為加強選民對候選人的深刻印象，針對徐鴻進的特質，我還親自為徐鴻進的參選競選主題曲填詞加字，用歌聲來爭取一些選票。

第三屆國代選舉採單一選區選舉方式，桃園縣劃分為五個選區。桃園市為其中一個選區，競選格局如同縣議員選舉，對交友廣闊的徐家兄弟而言，勝選把握大，八十五年三月九日徐鴻進於桃園市南華街成立競選總部，邀請卡上助選群有如「排仙榜」，只要是地方名人、社團領袖、企業知名人士等全部入列，競選顧問群多達百餘人，名譽主委是曾任桃園農田水利會會長、也是徐姓宗親宗長的徐振通先生、主任委員是時任桃園縣農會理事長李文旺、執行長為教育界出身的戴春銘老師。

徐鴻進投入這場國代選舉，其夫人徐劉淑媓因平日熱衷婦女活動，積極動員婦女系統支持，且因運作已有一段時日，雖組織架構似嫌薄弱，但亦高票當選。國代任滿，徐再度連任為任務型國代，可謂實至名歸，然美中不足者，乃是其執意參選大選區的立委選戰，皆未能如意，無法圓其當國會議員的美夢，殊為可惜。

徐鴻進四度參選二度落敗，間接影響徐家兄弟參選意願，淡出政壇後，徐鴻進仍馳騁於建築業界以及兩岸的建築業市場，並擔任北京大學客座教授，於建築與學界舞台上表現有聲有色，可謂「塞翁失馬、焉知非福」。

浮浮沈沈——邱創良

生活中時常聽到一句話：「好朋友等於一尊活菩薩」。

交朋友實在是一件有趣也有意義的事。在今天，由於人與人之間交往較為頻繁，層面亦擴大，所以認識朋友的機會相當多，而且充滿了各階層。

現代社會複雜，做任何事都講究專門權威，所以一個人際關係好的人，可能結識各行各業的朋友，碰到任何問題，都有各種朋友來幫忙、協助解決，所以朋友就像是尊活菩薩。

相對的，結交到別有居心的損友，則如同處身於一群牛鬼蛇神之中，不但影響對人、對事判斷，更影響一生運途，人生路上，慎交朋友是為重要。

與邱創良結識是同為第十屆縣議員，因同赴夏威夷大學短期進修，同居一室兩個月，獲悉彼此都是家中第五個兒子，而情感更加緊密。邱創良個性主動熱情、我則較為內歛，兩人無論在個性或作風上都有互補作用。

邱創良小我九歲，少年得志，廿六歲當選縣議員進入桃園縣議會，是議壇年輕的議員，四年後議員任

■ 我與邱創良關係相當親密，是益友也是諍友，無事不相挺。

滿，邱創良展現旺盛企圖心，連任議員時與時任議長、尋求蟬連的吳烈智搭配競選正、副議長，成為桃園議壇史上最年輕的副議長。

副議長任滿，邱創良以初生之犢不畏虎的精神，更上層樓參選省議員，當時各界對邱創良才當了兩屆議員，即跳級參選省議員，頗不以為然。邱創良因與我交情深厚，七十八年間參選省議員，委請我出任競選總部主任委員、邱姓宗親會長邱金標擔任總幹事。

邱金標是邱姓宗親大老，「受人託、忠人事」對邱創良視如己出，疼惜邱家子弟，在多次為邱創良輔選的激烈選戰中，我與邱金標多次搭配，成為最佳拍擋，默契十足，被喻為「秤不離陀、陀不離秤」的「師公（念經道士）聖笅」，選戰中建立緊密的革命情感，彼此互信、互賴並互敬。「阿標仔伯」對我照顧很多，有如我再生父母。

邱創良反應靈敏、作風慷慨，與人相交熱情而主動，交友廣闊，綜觀其闖蕩政壇廿餘年可說是「成也朋友‧敗也朋友」。邱創良卅歲參選省議員，活動力強，鑽營度足、耕耘基層積極而勤快，整頓邱姓宗親系統為其助選，加上其擔任縣議員、副議長期間，加入運輸公會、砂石公會、各社團等組織以及同是北區議員的好友徐松川、藍勝民等議員人脈轉移，並結合其龍潭、大溪一帶地緣選票，又有郭董、呂明雄、林章銓、周桐明等商界朋友、地方勢力相挺，到中壢客家地區演講，邱創良發揮語言天份，也能用客語朗朗上口、發表政見，爭取客籍選民認同，首度參選省議員即高票當選，並於四年後任滿、八十二年間再獲省議員連任。

邱創良擔任第二任省議員期間，因李登輝主導實施凍省，省議員任期因此延長一年。始終對參選桃園縣長有旺盛企圖心的邱創良，八十二年間桃園縣長大選，與再度尋求縣長蟬連的劉邦友，力爭國民黨提名參選縣長，僵持不下之際，時任省長的宋楚瑜出面勸退，而始終有縣長夢未圓之憾！

因此，八十七年間省議員任期尚有近年任期，邱創良不知何故竟辭去省議員，降級、轉戰縣議員、向外界宣稱爭取議長寶座，為未來縣長大選鋪路。邱創良回鍋參選縣議員，對參選過大選區、選戰經驗豐富的邱創良而言，欲贏得勝選易如反掌，但在緊接而來的議長選舉、這場主控權不易掌控的選舉，因邱創良鑄下「險棋」，自此使其政治路走起來坎坷、艱辛，究其要因，或許是邱創良易輕信於友的個性害慘了他吧！

邱創良於議長選舉運作，自行操兵、自己權充選舉總幹事，展現其天真、輕信於人的坦率作風，自認省議員任內、政治關係亨通、直達中央，有國民黨高層應允相挺，參選議長毫無問題。殊不知，此際間已有多位地方政壇大老，不願讓邱創良政治勢力坐大，日後角逐縣太爺寶座，表面上佯稱「挺邱」，暗中卻運作「倒邱」。

於是，在政治利益與利害較量下，國民黨提名時任副議長的林傳國與議員曾忠義競逐正、副議長寶座，未爭取得黨提名的邱創良則退黨，以無黨籍立場搭配議員黃金德競選正、副議長。

邱創良因與黃金德搭配競選正副議長，有宗親大老允諾全力相挺，將策動國民黨籍的多位黃姓議員傾全力支持，滿滿信心對外宣稱已掌握多數席議員，可望拿下議長寶座。熟料，根據當時新聞報導，在國民黨一位黃姓高官及地方宗親大老強力運作下，議長選舉出現交岔當選的罕見情形。

八十七年三月一日桃園縣議長選舉結果震驚各界。林傳國與曾忠義搭配競選正、副議長的A組人馬及邱創良與黃金德搭配的B組人馬，開票結果由A組議長人選林傳國與B組的黃金德以交岔當選方式當選正．副議長，邱創良以五票之差落敗，整個選舉結果夕間翻盤，出乎各界意料。

此一交岔當選正．副議長的選舉結果，在桃園政壇創下首例，當時有人形容「賣友求名」、也有人說為「紅杏出牆」、很多不堪入耳的比喻，新聞報導的繪聲繪影，給坊間帶來話題，暴露出政壇毫無誠信、只問利益與利害的醜陋、殘酷！不過這種選舉的羅生門，沒多久就成過往雲煙。

突受選情丕變打擊，邱創良心情沮喪、失落，如同馳騁沙場、驍勇善戰的一匹戰馬，被捆綁於大樹旁，英雄已無用武處，無助而消沈，見邱失魂落魄，我與邱金標及其他好友相當不捨，提出轉戰緊接而來的立委選戰建言。

邱創良議長選舉失利，飽受重創，儘管傷勢尚未痊癒，但邱創良於短短數月再度重披戰袍，以無黨籍姿態參選立委，雖已失去政黨奧援，但來勢洶洶，不可輕忽，卻也遭到來自高層、地方的百般打壓，檢調單位多次以查賄為由，四處傳喚邱創良支持者，意圖擾亂軍心，打擊士氣，擔任競選主任委員的我與總幹事職務的邱金標先生，在風聲鶴唳下，選戰期間只好常常以友人處為家，甚至去賓館過夜，以防一旦遭檢方傳喚，陣前突遭兵損將折、乏人指揮而功虧一簣。

八十七年間立委一戰，邱創良在毫無政黨奧援下，高票當選，創下桃園政壇第一位以無黨籍當選立委紀錄。八十九年間，宋楚瑜、張昭雄投入總統大選，邱創良擔任宋、張配競選總統桃園縣競選總部總召集人，為宋楚瑜在桃園拿下第一高票，九十年間尋求立委蟬連獲親民黨提名參選立委，雖然再度獲得連任，但得票數已直直下滑。

馳騁桃園政壇，多年來志在參選桃園縣長的邱創良，八十二間與八十六年間縣長補選以及縣長選舉，爭取黨內提名均敗給時任中壢市長的方力脩與議長陳根德。九十年間縣長、立委大選，原宣稱非縣長不選的邱創良，與時任立委的朱立倫爭取縣長提名，不敵朱立倫各方優越條件，再度遭宋先生勸退，獲親民黨補提名、退而求其次重回立委選戰。

我與邱創良多年交情、親如兄弟、並多次為其輔選，但對其遭勸退、經親民黨補提名、轉戰立委一事，事先毫無所悉，致早已應允為台聯黨提名的林哲藝參選立委、擔任主任委員一職，豈料，選舉結果邱創良當選、林哲藝落敗，我竟遭外界質疑「未盡全力輔選」，對此，一生信守「忠、誠」處事原則的我，亦感慨萬般！

台灣話有句俗諺：「牛哪瘦(散)、就無力；人哪窮(散)、就卡會講白賊」，是指當牛瘦的時候就比較無力，而人窮時為了求其目的，妥於現實，講話就會不實在，因為信用是給有錢人講的、支票是給有錢人開的。

邱創良爭取親民黨提名參選縣長，信誓旦旦向我表示，非縣長不選。因此，旅桃台南同鄉會創會會長林福島先生與好友徐松川拜託我，為議員任滿、將投入立委選戰的林福島兒子林哲藝輔選，我轉知邱創良徵詢邱的看法，邱創良力表認同外，並還要我協助找形象清新人士代表親民黨參選立委，我還以桃園縣名會計師呂志明與宋楚瑜有些淵源，具財經專長、立院需要更多財經立委，為選民看緊政府荷包為由，力薦呂志明先生、同時情商中國時報已退休的桃園特派員廖國棟擔任其競選總

■ 在夏威夷和邱創良建立深知深交的革命感情。

幹事，而而使呂獲親民黨提名參選立委。

豈料，邱創良退出縣長選局，重回立委選舉，擾亂了一盤選情，與由我強力推薦、獲親民黨提名的呂志明、以及由我及邱創良週邊好友一同輔選的林哲藝，同時加入激烈戰局，邱創良雖再度高票當選，但呂、林兩人皆慘遭落選，埋下選舉恩怨。

在多一個敵人、少一個朋友效應，以及多次參選、樹敵無數下，九十三年間邱創良第三度尋求蟬連立委，終告失利，馳騁政壇廿年，漸呈日落西山局面，盼其以參政精神轉往商場，東山再起恢復昔日風光，也是我有生之年寄予最大的關心與祝福。

好命囝仔——林哲藝

林哲藝是桃園縣台南同鄉會創會會長林福島先生的兒子，林福島是一位成功、有氣度的企業家，對人相當尊重，也熱心地方公益活動、同鄉會務推動。桃園縣因工商熱絡發展，吸引許多外地人到此打拚、定居，因此形成同鄉會組織，發揮出外鄉親相互幫助精神，也成為選舉期間重要的助選組織之一。

同鄉會的組織牽動選壇的變化，為人敦厚、關心同鄉會、出錢出力的林福島先生，在桃園縣台南出外人的心中，佔有舉足輕重地位，受到鄉親的鼓勵，台南鄉親於八十六年間推出林福島的兒子林哲藝參選桃園縣、桃園市選區縣議員。

林哲藝是留美碩士，學歷高、年紀輕、形象佳，曾擔任過國會助理，對議事運作已有經驗，因此以無黨籍立場參選縣議員，疼愛兒子的林福島先生宛如己身投入選戰般緊張，邱創良及徐松川與林福島交情深厚，陪同林福島到我住處，懇請我為林哲藝參選縣議員擔任主任委員、由同是旅桃同鄉會的前績優里長、也是福島的好朋友劉楷書擔任總幹事職務、徐松川擔任總策劃，邱創良則回鍋參選縣議員，準備要選縣議會議長。

林哲藝原籍台南，因父親經商移居桃園，從小就學都在桃園，直到遠赴國外求學、進入國會擔任立委助理，一路都有父親照顧，保有天真與真誠理想風格，不諳政壇黑暗、險惡面。因此，雖獲父親長期來廣結善緣、建立雄厚人脈，以無黨籍身分當選桃園縣議員，卻難以發揮所長，問政舞台表現不如己預期。

縣議員任滿，林哲藝無心問鼎政治，擬退出政壇。但「坐轎的人想下轎、抬轎的人卻不肯讓人下轎」，九十年立委選舉，台聯黨甫成立不久，林福島夫妻倆因具濃厚本土色彩，被「阿輝伯」李登輝相中，親自召見，遊說林福島先生要其子林哲藝代表台聯黨參選立委。

於是，林福島與徐松川再度找我，要我為林哲藝選立委擔任主任委員。二度為林哲藝抬轎，我主動詢問時任立委、由我多次為其參選抬轎的邱創良意見，邱創良欣然應允，表示其將參選縣長，並大力鼓動我為林哲藝參選立委輔選。

【受託・受罪】

受託輔選林哲藝對老友邱創良突回鍋參選立委，打亂選情，不得不發表聲明澄清，內心頗感無奈。

與徐松川、陳敏英夫婦全力投入為林哲藝參選立委輔選，當時名列台聯黨不分區立委第一名、也是「阿輝伯」愛將的立委黃宗源、林素珠夫婦，更不遺餘力全力幫忙。面臨親民黨提名、昔日情如手足的邱創良加入戰局、同台相拚，我內心雖飽受煎熬，但因自覺問心無愧於邱創良，在各扶其主下，全力投入林哲藝輔選，卻仍無法贏得林哲藝陣營信任，福島兄身邊有人直言指責我是「身在曹營、心在漢」，為示受人託負輔選別無二心，九十年十月十日我陪同林哲藝前往選委會辦理立委登記時，亦發表三項聲明內容如下：

(一)、林哲藝本身條件優秀，加上他父親林福島是我多年來最敬重的好友，在四年前，他選縣議員時我已擔任他的主任委員，半年前，得知林哲藝有意參選立委，我們一些好友就已開始積極參與輔選、籌劃作業。三個月前，我義不容辭接下總部主任委員的工作，基於此，我將秉著「受人託、忠人事」的一貫處事原則，專心全力輔導整個輔選團隊，同心協力一起打拚，以確保林哲藝進入立法院，當個出色的國會議員。

(二)、商界好友呂志明是縣內唯一財經會計專業人才，做人實在又謙虛，且已受親民黨提名，呂志明曾經多次和我討論一些選務事宜，當然我也誠懇而樂意提供他一些參考意見及資訊，希望他能在親民黨朋友的認同及支持下，順利當選，爲大家服務。

(三)、邱創良可說是我情同手足的好朋友，選縣長是他多年來，一直奮鬥的目標，無奈因種種緣故，現階段尚難如願，昨天他突然宣佈要再次參選立委，我想他一定有他政黨的整體考量，以及參選的理由。對此我並不便表示任何意見，當然由於邱創良的突然宣佈再度參選立委，必將對全縣立委選情造成衝擊，也將對他週遭至親好友造成不少困擾，甚至某種程度的傷害。不過，我想這些後果與責任，他一定要去面對並承擔，這次他參選立委我未能幫上忙，雖然感到遺憾，但站在好朋友的立場，我除了在精神上給予關心外，也冀望創良能在宋楚瑜先生的徵召參選下，獲取大家支持連任成功，在此謹祝福創良順利平安。

江永忠 90/10/10

立委選舉投票日前幾天，么弟永信不幸因病去逝，享年四十八歲。未久，林哲藝代表台聯參選立委則以百餘選票「落選頭」失利，我因遭失手足之痛、又首嚐輔選敗績，雙重打擊、心情低落，林哲藝亦看清自己不適行走政壇路，淡出政壇不再過問選舉事，但對台南同鄉會務推動與父親林福島一樣，永遠關切，立委落敗不久即接任台南同鄉會理事長，推動二代台南旅桃子弟加入同鄉會並成立青年聯誼會，父子倆對台南同鄉會務推動，不遺餘力、功不可沒，備受鄉親敬重。不過，林哲藝雖不能當上國會議員，但也因台聯黨推薦當上省諮議員，發揮所長。

命好卡贏做——呂秀蓮

人生是一場戲，每個人演出的劇本各有不同，有人演的是一齣大劇本，而多數的人則是演的是小劇本，每齣劇本情節大小不同，只能嘆道：個人命運大不相同！

在台灣、桃園政壇，擁有「永遠的第一」美稱的呂秀蓮，是一位才情洋溢的傑出女性，自小到大有永遠傲人第一的學業成績，也是台灣第一個倡導新女性主義、伸張婦女人權者，桃園政壇第一位女縣長、台灣第一位女副總統。

政壇路上仍永遠領先第一的呂秀蓮，除了個人優越條件，主要是拜大環境「天時、地利、人和」各方好條件變化之賜。

民國六十七年，呂秀蓮因聽聞美共建交消息，毅然棄哈佛研究機會，由美國返回桃園故鄉，以黨外人士立場、「我愛台灣」作為競選主軸，因其對台灣問題精闢的分析及演講見解、內容，吸引許多選民側目，但在戒嚴時期，呂秀蓮提出各種大膽言論，在執政當局看來，無疑是和其他黨外人士一樣，都是對權威掌控者的莫大挑戰。

同年十二月底「美中建交、美台斷交」，執政當局於六十八年初，以「國家所面臨的非常情況仍在繼續狀態」宣布終止是年國代選舉，不久，呂秀蓮因於美麗島事件發表演講淪為「階下囚」，因國際人權組織積極救援下，坐牢五年四個月後出獄，自此加入民進黨陣營投入台灣民主運動，成為國際知名人士，在國際間享有極高知名度。

八十一年間，呂秀蓮以「桃園人的女兒」之姿，返回桃園故鄉參選立委，作風向來獨斷獨行的呂秀蓮在這次的立委選戰中，未獲黨內同志支持，幸有時任民進黨桃園縣黨部主委的魏廷朝力挺，代表民進黨參選立委高票當選，進入立法院。

呂秀蓮學識淵博，擅於精闢演講，擅長外交活動，立委任內為拓展台灣外交，提升台灣國際間知名度與能見度，發起台灣加入聯合國運動以及陸續舉辦「世界婦女高峰會議」邀請七十餘國、二百多位婦女領袖來台參加會議，八十四年間呂秀蓮一屆立委任滿，未再尋求連任，但受到時任總統李登輝肯定延攬擔任國策顧問要職。

八十五年十一月二十一日，桃園縣長的劉邦友在有警衛的公館裡，與公館警衛及當天走訪劉邦友的地方人士共九人，遭受兇殘歹徒集體屠殺，留下年餘未滿任期，依規定需進行補選，當時在桃園縣民在不滿國民黨長期執政，特權、貪污情事橫生下，民心思變，換黨做看看的聲浪高漲，因此，時任國策顧問的呂秀蓮，在桃園選民企盼下，輕易打敗國民黨提名、時任中壢市市長方力脩，高票當選桃園縣補選縣長，成為桃園縣第一位女縣長、第一位打破桃園縣南、北區輪流執政的縣長紀錄。

補選縣長任期即將屆滿，呂秀蓮再度尋求蟬聯，迎戰國民黨提名的議長陳根德，陳根德草根性強、親和力十足，與當選縣長以來，不喜出現婚喪喜慶場合的呂秀蓮風格大不相同，對呂秀蓮蟬聯一戰，構成極大威脅。因此，經桃園名望人士、地方大老邱金標的強力推薦，向來力挺呂秀蓮的好友徐松川、陳敏英夫妻前來找我，邀我於八十六年擔任呂秀蓮蟬聯縣長一役北區競選總幹事一職。

側身桃園政壇，我並沒有黨派色彩，為人輔選除了情義相挺，候選人的理念與人品，亦是我慎選的原因之一；對呂秀蓮的行事作風，我未有深入認識，但對劉邦友縣長任內，與建多項重大建設如巨蛋體育場、舉辦八十二年區運⋯備受爭議以及地方盛傳，劉邦友與黑金掛鉤等各種負面說法，而劉邦友時代彰顯出太多的腐敗，當然國民黨要概括承受所有責任，在對國民黨不滿、對呂秀蓮尚有期待，及在徐松川夫婦的力邀下，我應允為呂秀蓮全力輔選。

這場選戰，由當時對年輕人有極高號召力、當時是台北市長的陳水扁總統擔任名譽主任委員、桃園人的老縣長許信良擔任總督導，時任桃園縣黨部主委的張貴木擔任主任委員，現任的民進黨立委、歷任縣黨部主委們則擔任副主任委員職務，在許許多多檯面上輔選人士中，則以立委邱垂貞輔選最認真、最賣力；說句實在話，我當總幹事的策略性象徵大於實質性意義，因為我是國民黨倒戈的一般代表力量，而實際在選戰中操兵策劃的要角，則是徐松川先生。

對選戰的運籌帷幄，呂秀蓮自有其一套謀略；對文宣的訴求，呂秀蓮有別於一般候選人，才情洋溢的她，提出的文宣訴求強而有力，擅長高喊亮麗競選口號，打動選民，爭取選票，呂秀蓮在蟬聯一役打出建設大桃園為「營建東方新明珠、黃金海岸」等競選主軸，頗能撼動桃園選民對呂秀蓮勾勒出的「建設大桃園」新願景的認同。

過去台灣的大小選舉，在國民黨一黨獨大時，有所謂配票措施，要獲國民黨提名者，首要條件是具有雄厚財力，以及地方派系支持，形象與學歷、年紀則為次要考量；在這種提名機制下，要讓選民選賢與能自然大打折扣，同時也造成買票文化的盛行。

選舉靠買票，自然得需地方樁腳運作買票，為候選人買票，如果找到的樁腳是實在可靠的，發下去的買票錢通常可以送到選民家中、手中；但如果遇到專發選舉財的「選舉販子」，候選人買票錢則有可能在半路中被吃掉。

所以一場選舉，會發各種選舉財的，除了是為候選人買票的選舉販子，還有為候選人辦選舉飯的菜商、肉商等，以及製作文宣、旗幟、小禮品等各行各業的生意人。有些財力雄厚的候選人為了拉攏有力支持者，通常就將選舉期間需要的文宣品、選舉餐等工作，發包給支持者週邊的親朋好友。

呂秀蓮與陳根德對峙桃園縣長選舉是地方大選，也是國、民兩黨爭取地方執政權，鞏固地方勢力的選戰，與作風海派、個性隨和的陳根德相較，呂秀蓮向來獨斷獨行的處事風格，以及不走傳統選戰的策略，想靠攏她、藉其發選舉財並不容易。

然呂秀蓮是時任桃園縣長、執掌著執政的行政資源優勢，加上其受大環境民心思變影響，聲望高，有一些想搭順風車的政客型人士，對呂秀蓮自是不敢得罪，當呂秀蓮出現在各種競選造勢場合時，一定上台大聲疾呼，呼籲選民支持民進黨、支持呂秀蓮，但是離開了選舉舞台、鎂光燈後，私底下就因己身利益為對手助選者也大有人在。

呂秀蓮蟬聯縣長一戰，在桃園選民換黨做看看、以及再給她四年任期，兌現競選支票、實現設設大桃園的理想與殷盼下，呂秀蓮再度高票連任，而呂秀蓮競選期間、表面靠攏為其助選的投機政客，則因呂秀蓮母雞帶小雞的效應，提高曝光度、受到選民認同支持，而後投入大小不同選戰中者多人，也有不少人紛紛告捷順利當選，間接提昇了民進黨不少政治勢力。

當年我以無黨籍當選縣議員後，被國民黨以我服役時即是國民黨員為由，把我列入國民黨籍縣議員，並安排我出任過國民黨龜山鄉地方黨部民眾服務分社理事長職務；多年後，我為呂秀蓮參選縣長輔選，引起國民黨不滿，將我開除黨籍，呂秀蓮並未主動關切，經徐松川提及出始略表關心；呂秀蓮再度入主縣府、唯一一次主動前往縣府，拜會呂秀蓮，是為邱創良競選議長一戰，

■ 我曾為呂秀蓮輔選而被國民黨開除黨籍。

請呂秀蓮給邱創良關心、協助，其他呂秀蓮舉辦的餐會，雖有秘書邀我參加，因為有時在國外或時間相違，而甚少與會，我與呂秀蓮有如淡淡君子交。

縣長連任未滿，對政治始終有強烈企圖心的呂秀蓮，爭取與陳水扁搭配競選二千年的正副總統，我則因邱創良力邀以及認同宋楚瑜的兩岸政策，未支持時任桃園縣長的呂秀蓮，而呂秀蓮因施政成績表現未如桃園縣民預期，在二千年總統大選中，在桃園縣獲得選票不如其兩次參選縣長時的得票。但因國民黨內部分裂，仍當選為台灣第一位女副總統。

呂秀蓮從參選立委、補選縣長到尋求蟬聯以及投入總統大選，除了個人優越條件，大環境變化是促成其拿下大位的要因，讓許多失意政壇或經營政壇多年乃一路平順的地方政治人士皆不禁慨嘆呂秀蓮「命好卡贏做」！

有夠好膽——許振澐

與許振澐的結識是因為桃園市長、也是五連會成員的李信宏的關係。

許振澐原是桃園道上知名的大哥級人物，外號「大扁」、其弟弟許振現人稱「小扁」，許振澐稱呼老縣長、曾擔任過監委的許新枝為叔叔。許振澐的父親是勤儉的老農，在大檜溪、春日路地區路邊擁有大片農地，地方上頗有名望，許振澐因為接續他妹妹許寶丹的政治路，而參選市民代表，進而擔任市代會主席並竄出桃園政壇。

許振澐當選桃園市民代表，並獲多數代表支持當選市代會主席，我五連會的五兄李信宏則擔任桃園市長，而當時與許振澐稱兄道弟的吳振寰則在國民黨支持、宗親大老及地方人士力挺下，當選桃園縣議會議長。

台灣話說：「種稿要一區田、做官要一群人」。指的是選舉或者當官者一定要有一群人隨其起舞，戲才能演得下去。吳振寰於七十八年間獲國民黨提名競選縣議員，在吳姓宗親及特定支持群運作下，高票當選。

首次參選並順利當選，當時吳振寰原無意競選議長寶座，卻因議員選舉期間即喊出要選議長的陳炎坤與其副議長搭配者陳星煌，因陳星煌在第一波議員選舉落敗，失去競選副議長選舉資格，影響已連任多屆的陳炎坤參選議長企圖。

桃園縣的縣長、議長選舉多年來有不成文規定，即南、北區人士各輪流當八年，規定縣長由南區人士擔任，議長則由北區人士擔任。由於當時縣長是南區的劉邦友，因此，議長需由北區人士出任，於是，當時經營地方報業分社、有雄厚財力、父親是國民黨老中評委員的的吳振寰獲國民黨支持，在宗親大老運作，與林傳國搭配競選正、副議長，順利當選。

吳振寰、許振澐分別擔任桃園縣議會、桃園市代會的龍頭，兄弟倆得意地方政壇，，與地方關係良好、政通人和、建立寬廣人脈。據傳，兩人曾經暗中協議，四年後許振澐將再更上層樓，參選縣議員競逐議長，兄弟兩一人各擔任一屆議長。

許振澐擔任桃園市代表會主席，李信宏任市長時，遴聘多位義務職的地方熱心企業主，擔任其市政建設發展委員，我亦應其遴聘為成員之一。民國八十二年初，桃園市公所由市長李信宏率團前往締盟的國外姐妹市訪問，隨行的有市所官員、市政建設發展委員、市代會主席許振澐等一行人，我即因此次的締盟訪問結識「重信諾」的許振澐主席。

八十二年底，縣議員與鄉鎮市長選舉同時展開，許振澐由市代主席轉戰桃園縣議員，李信宏尋求蟬連，對手是陳宗仁，一日，許振澐來找我，請我擔任其競選主任委員職務，我心想，李信宏是五男會兄弟、陳宗仁我亦曾為其參選縣議員輔選，兩人市長一戰，為誰助選我都相當為難，因此欣然接受為許振澐助選。

以許振澐為主的桃園市許家班，當時在地方上有一定影響力，加上許的樁腳佈得廣，組織作業嚴謹，為許振澐輔選，我因未具許家班鮮明色彩，而未深入第一線核心。不過，這場選舉，因許振澐已揚言當選後將競逐議長，所以選戰非常激烈，瀰漫著濃厚的煙硝味，並傳出要讓許振澐在第一關的議員選戰落敗、提早讓許振澐出局的傳言。

唯恐選舉暴力事件發生，許振澐為主的許家班申請警方保護，選前許振澐率領支持群眾遊街拜票，沿途熱情選民燃放鞭炮聲轟隆聲響，擔任主任委員的我與許振澐一起走在前頭，緊隨著警力、隨扈護行，頓然間萌生恐懼，因為鞭炮聲與槍聲難以分辨，如有突發狀況，亦防不勝防。

許振澐順利當選縣議員後開始佈署議長選舉，與昔日兄弟相稱的吳振寰在議長選舉透過地方政壇大老數度協商，僵持不下，最後報載傳出擬下二段式議長協議，但是許振澐大膽挑戰吳振寰以及拒受國民黨高層的安排，執意參選到底、讓獲國民黨提名的吳振寰落敗，引起國民黨高層不爽，許振澐於八十三年三月一日就任議長不到一週，檢調單位就於三月七日針對支持許振澐的縣議員，展開大規模的查賄動作。

於議長寶座上任不到七天，遭到檢調單位雷厲風行查賄行動影響，許振澐經友人安排潛逃大陸，留下議長任期、經補選由政壇新銳陳根德當選；不過，逃往大陸的許振澐因桃園許家班勢力仍深耕桃園地方不可輕忽，許振澐雖人在大陸，但對桃園議長補選、議壇大小事，也不時展現隔海遙控的能力。

送不進總統府——宋楚瑜

古時候皇帝因眾臣簇擁，為獲得皇帝的恩寵，眾臣相互爭寵、鬥爭，使出各種權謀術，只為打敗對手，壯大自己。宋楚瑜先生競選台灣首屆省長，與時任總統的李登輝相當麻吉，因此李登輝全力輔選宋，打敗主要對手陳定南。

然宋楚瑜擔任首居省長期間，勤走基層，廣結地方各階層人士，全台各鄉鎮市走透透，對當年任職地方的各級民代、社團領袖、工商企業主，不分黨派積極拉攏、互動，舉凡地方建設、活動經費的補助，宋楚瑜泰半欣然應允。

宋楚瑜這種深入基層、關心地方、親民愛民的行徑，促使其聲望如日中天，但看在國民黨李登輝總統眼裡，認為宋楚瑜是為自己要參選下屆總統，積極佈署、綁樁，在功高震主的葉爾欽效應下，國民黨草率實施凍省，意圖將宋武功廢除。

二〇〇〇年總統大選，實力相當的候選人有三組人馬，以李登輝總統為主的國民黨提名副總統連戰、行政院長蕭萬長競選正副總統、參選台北市長連任落敗的陳水扁則與時任桃園縣長的呂秀連搭配競選正副總統、而宋楚瑜則以無黨籍和長庚醫院院長張昭雄搭配競選正副總統。

宋楚瑜退出國民黨自行參選總統，因宋楚瑜任省主席、省長時與擔任省議員多屆的邱創良交情很深，邱創良在宋楚瑜參選總統時，擔任桃園縣總負責人，我因為力挺阿良，也認同宋楚瑜的兩岸政策、政黨協商能力，摒棄省籍情結，加入輔選宋、張的陣營，授命擔任宋、張桃園縣北區競選總部總幹事一職。

退出國民黨、自行投入總統大選，宋楚瑜遭李登輝打壓苦境，引發多數的外省族群對李登輝為主的本土化勢力不滿，展現強大的凝聚力，全力為宋楚瑜助選，而宋楚瑜擔任省主席、省長時，撥補省府建設、活動經費，廣結善緣建立的地方人脈，多數表面上為連蕭這組人馬助選，私底下則投入為宋輔選的行動。

桃園縣的眷村人口居全台之冠，眷村民眾長年來被稱為國民黨的死忠部隊，但是二〇〇〇年總統大選，眷村老兵、民眾公然挺宋，眷村居民選出的地方民代，甘冒遭開除黨籍的處分，亦公然挺宋。

受限於競選經費的困窘，位於桃園市世貿帝國的宋楚瑜、張昭雄北區競選總部，不但沒有其他兩組人馬的氣派、寬敞，每到用餐時，工作人員叫來的便當也不會超過卅個，總部內的工作人員多數為自發性、來自各鄉鎮市、各階層的義工民眾，隨著選舉投票日逼近，擬動員前往台北、以及在桃園巨蛋館舉辦的大型造勢活動，都需要龐大的自籌經費因應，因此，北區競選總部總執行長、也是曾擔任過桃園縣議員的邱垂境，於選舉投票日前只好，策劃一場大型的募款餐會。

八十九年九月十一日於桃園市大興西路一帶，申請以封路方式舉辦的募款餐會預定席開一千桌，消息發布後，當天晚上雖然雨勢不歇、天氣寒冷，遮雨蓬內群眾情緒沸騰，不斷湧進萬餘名選民，五百、一千熱絡掏出，席開一千零五十桌，高喊宋總統「凍蒜、凍蒜」聲不絕於耳，這是我多次為人輔選，首度感受到，挺宋的選民熱情，比起民進黨支持者，更是有過之而無不及，當場挑起、撼動內心澎湃的情緒，那種團結、凝聚力，令人刻骨銘心。

總統大選投票日前夕，桃園競選總部於桃園巨蛋體育場舉辦萬人造勢大會，當晚也是天候不佳，但仍無法阻擋住挺宋支持者的熱情，不斷湧到會場的各方民眾，穿著大會發送的五元黃色雨衣，氣氛高昂的唱著競選歌曲，看在我的眼裡，不禁被選民的熱情感動得流下眼淚，感嘆台灣人對選舉的熱衷及選舉動員的熱絡參與，不論那個黨派都有死忠的支持者。

在這場激烈、詭譎的選情中，我查覺得到宋楚瑜的支持者如同深海中不斷沈潛的萬頭魚群，只要輕輕攪動，就見群魚竄出靠攏，選舉揭曉，宋楚瑜這組人馬在桃園縣席捲四十一萬三千多張選票，陳水扁與呂秀蓮這組人馬，未因呂秀蓮時任縣長而獲多數縣民支持，僅拿下二十九萬九千多張選票，國民黨提名、李登輝主導的連戰、蕭萬長這組人馬，雖擁有執政黨的輔選資源，卻只拿下二十萬八千張選票，而老縣長許信良這組人馬，則只有二萬多張選票。

二〇〇〇年總統大選，桃園縣選民有一百一十三萬人，因選情激烈，刺激投票率，選舉投票率高達百分之八十三點二，宋、張配在桃園的得票數贏過水蓮配這組人馬十一萬多，地方人士認為，與呂秀蓮在桃園縣執政期間，口號治縣的表現未獲縣民認同以及呂縣長未任滿即投入正、副總統大選等各方因素有關。而國民黨內部分裂，使民進黨的水蓮配勝出，結束國民黨長達五十年執政歷史，選後宋楚瑜退出國民黨、自組親民黨的發展，也使台灣政壇生態夕間丕變。

好運嘛會輪到我

第六章：股市悲歌

第六章：股市悲歌

股票市場利潤高、風險大，是一個很可愛、很迷人的所在，卻也充斥著「兇狠與貪婪」的人性醜陋面，所以有許多不知股海恐怖的人，前仆後繼、不信邪的投入……

對一生辛苦忙碌的人而言，如何讓明天比今天更富有，是不斷努力追求的目標。

七十八年間，眼見洋傘同業一家家出走大陸，抱持著「別人能、為何江家不能？」一股不服輸的信念，我終於踏上大陸市場，拓展我及江家洋傘事業的第二春。

八十一年的某一天晚上，我在廈門的製傘工廠內，接獲台灣．桃園好友桃信總經理許義榮打來的電話：「阿忠啊！泰安証券公司要改組，你要不要投資？」

七十六年間台灣股市交易熱絡，股市成交指數達萬點，菜籃族、公務員等不同階級民眾出入股市，玩股票已成全民運動；股市交易熱絡，各家証券公司紛紛設立，以桃園老縣長許新枝為主、由地方政商人士集資的泰安証券公司，於籌設一年後，七十八年間在桃園市鬧區的中正路上開張，開張當天冠蓋雲集、好不熱鬧。

然，由許新枝擔任董事長的泰安証券，經營二、三年後，營業並不如預期，內部股東傳出改組聲音，於是許義榮想到我，認為我在經營管理方面有能力，一定可以為泰安証券好好整頓。

入主泰安證券，夢想大戶變大富

許義榮的父親和我的父親是結誼兄弟，我們有兩代交情，彼此都很認識，許義榮傳來的訊息，讓我陷入莫名興奮的情緒。

到廈門經營製傘已三年，由籌備期、打拚期到進入發展期，位於廈門的製傘工廠各項管理、業務拓展都已進入軌道，但想到製傘事業的甘苦，轉往大陸的製傘業好光景又能維持多久？內心一直有一個念頭，就是如何轉型？不要讓自已及妻子長年靠勞力掙錢，日子過得好辛苦。

心想，這應該是一個大好機會，要好好把

【股海．苦海】
在投資股票期間，全部的生活都被指數的漲跌綁架，股海的浮沈，成為我人生最痛苦的旅程。

握。於是，搭機回到桃園向兄弟、週邊朋友募集四千萬資金，很快的，我進入泰安証券公司，於董監事會改組中取代許新枝的董事長寶座，開始積極整頓泰安証券內部、期讓「泰安」否極泰來、安然回生。

沒想到，原以為自己是「豪光燦爛」遇到大好機會，未料卻是「歹星入境」！泰安証券成立時的股價是每股十元，因經營不善等各方問題，三年後，股價只值七元左右，我入主泰安証券以每股八元轉購，當時被知悉行情人士識為：以高價轉購的泰安股票，有如冤大頭，你這種人，雖很厚道，但要經營投資理財，難令人信服。然而我則是合理行情、平常心看待，當時好友邱金標，曾經為我關心，也為我捏一把冷汗，他認為股市不是好頭路。

「演什麼，就要像什麼」始終是我任事的態度。接手泰安証券，是榮譽、也是責任，最主要是想藉此多賺一些錢，當時也曾經夢想，有一天能加入桃信經營的打算，所以很多好朋友，看在我的面子上，陸續成為桃信的社員。

泰安董監事及投資的股東，知道我做人實在又認真，不僅歡迎，更期待我能為公司賺錢。由於泰安証券以前的經營處於虧損，接任後，不僅大幅革新，加強管理，我也率先以身作則，將董事長薪水降為一半，很用心的投入泰安証券的經營管理，而我也不怕累，晚上抽空去中壢中原大學企業經理班補修學分，藉以增長財經行銷、企業管理、領導統御以及三韜五略、兵法奇書等知識，彌補專業知識的不足，雖然很辛苦，但學習中成長、建立自信，不以為苦。

在廈門的製傘事業雖然委由永兆大哥及廈門廠的經理與助理秘書費心協助，我還是固定於每週五到週日趕到廈門，我才放心。

進入泰安証券二年多，雖然已轉虧為盈，表現出一些佳績，也得到了肯定，但是我覺得証券公司的經營，煩惱很多，並不如我的本業洋傘製造業單純，其背後所隱藏的諸多風險，往往令人難以想像。如果管理上稍一鬆懈，錯帳常會發生，再加上營業員的品德操守及下單客户的信用，一有變化以及不確定的變數，就會給公司帶來危機。

而且，桃園地區的證券公司有如雨後春筍，開張了很多家，同業激烈競爭下，証券公司的經營更加辛苦。尤其，泰安証券董監事泰半是地方政商人士，也有一些是酬庸、安排的，董監事席次多，內部意見常有紛歧，雖在當時泰安仍是桃園地區經營不錯的公司，被外界抱持著肯定態度。但我及部分股東，卻有感於看不到公司未來有很好的遠景，認為應該見好就收，而提出結束公司的建議，數度受到反對派人士的指責、撻伐與為難。

八十三年間，泰安証券終於順利找到買主—當時的股市大亨游淮銀（阿不拉）接手，改組為富隆証券桃園分公司，而我也用了很多的耐心與愛心，做好員工的資遣、轉任以及財稅清盤善後工作，結算結果以每股八點八元的淨值，分別退還各投資股東，為泰安証券結束營業，劃下圓滿句點。

從接手泰安証券到轉售而結束營業，按理講，泰安在我採取多項的開源節流措施下，不僅沒虧到錢，甚至還賺了一點錢；但是我個人，身處在金錢遊戲的証券公司內，每天接觸到股票交易、電腦銀幕的紅綠跳動、股票族進進出出、錢來錢往的，俗人說：『近墨則黑、近赤則朱』在這個迷人、誘惑的錢坑大染缸裡，我沒有聖人般的堅持，情不自禁的、一步步的陷入了深淵，沈浮在驚濤駭浪的股海裡。

沒變成大富，遇到無情的小傳

「貪婪和無知」往往是居心不良者趁機攻入的最佳弱點。進入如同賭場的証券公司，負責經營管理工作，每天看到、接觸到的盡是好賭之人、每天玩著金錢數字遊戲，耳濡目染，投機與貪念油然而生。此際間，經人介紹認識

■ 如臨深淵如履薄冰的接下泰安証券董事長印信。

名為小傳（數年後擔任立委）、自稱股市操控高手者，有媒體吹噓他是天賦異稟，讓我在識人不清下，慘遭兇猛股海吞沒，遇到人生最大劫數，幸在家人、好友合力幫忙及支撐協助下，渡過難關，數年後，才得以走出人生陰霾。

初識一表人才的小傳，他尊稱我為江大哥，對我畢恭畢竟，逢年過節都到我家中走動，日漸與我建立交情，取得信任。小傳邀我出資與他一同買賣股票，我看他真的有很多股市專業也確實有賺錢的能耐，在利慾薰心下，我跟著買賣同樣的股票，小傳的遊說、鼓動，再加上已稍有小賺，更讓我財迷心竅，有如魔鬼上身，想到我會因有他的操盤，很快致富，內心高興不已，以為自己走運了，「財神護駕」、遇到小傳這位貴人，把「黃昏看做透

【大富・大戶】
夢想由大戶晉身大富，不料卻因遇到無情的小傳，讓我一夕頓困。

早、爛田準路走」，一時利令智昏，對小傅深信不疑。在小傅的引領下進入股票市場，合作股票的買賣，一開始嚐到甜頭，所以後來金額也就越賭越大。

有一天，趁著投資股票賺到一筆錢，心裡相當高興，也相當感恩，帶著老媽、妻子、小孩坐火車，前往花蓮慈濟精舍捐善款，當時的小傅還特別派司機去花蓮火車站接我，小傅的雙親還以美食招待，讓我內心相當感動。

在此同時，妻子靜枝也因見股票投資賺錢如此輕易，常瞞著我進入股市，甚至暗地裡向好友們借錢大做股票，這些都是在我在股市慘栽筋斗後才獲知，當時真感慨我是大龍背（狼狽不堪）輸大條，靜枝則是小龍背輸小條。

■ 遠赴花蓮慈濟捐善款。

隨著大把資金投入股市，將近一年時間，每天看著股市行情的漲跌板變化，而牽動我內心情緒起伏，作息的時間也受到股市的影響，股票上漲，高興不已。相對的，股票下跌，當天心情鬱卒，連心胸、肚皮都不自在。陣日情緒都隨著股市的漲跌而緊繃、悶悶不安，一天到晚都像在洗三溫暖。這就是股票族們每天的心境，有人認為是刺激，但我的經驗是折磨。

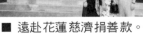

「叮咚．叮咚⋯⋯」有一天三更半夜，小傅緊急到我家中，向我說，因應市場變化，股票還需再撐，要我幫忙再買進。在他的懇託下，本已無資金的我，竟然還用現股的股票變賣、再改以高額融資的方式，再力挺他、幫忙他。

沒多久，我手中的股票，竟突然間開始出現跌停、無量下跌、崩盤的情形，我才知道「我被放鳥」了，我被牽去當砲灰，我的股票一張都賣不出去，每天每天的跌停，我快要瘋掉了。平常連繫緊密、熱情的小傅，此際間突然失去蹤影，連絡不上，待我將崩盤的投資股票處理妥、發現我已輸掉大筆巨款、負債累累，內心驚慌、不安、害怕，不知如何面對未來？

「跟不上抬轎的，卻跟上抬棺材的。」眼見一生辛苦將化為灰燼，如何面對慘輸的大筆金錢，多日後我找到小傅，只見他有多位保鑣保護、露出冷漠的面目，一副與他無關、形同吃人老虎的臉孔相向，和我從前認識的小傅相比，讓我見狀膽顫心又寒，心灰意冷，萌生一死百了的輕生念頭。

死，就能一了百了嗎？想到兒女還小，尚在就學，家族企業的廈門工廠事業才剛進入狀況，我的責任未了，不能半途放下，對做事情向來清清楚楚的我，「死」更不是負責任的態度。於是打消輕生尋死念頭，找來跟我情深的六弟永乾及幾位摯情好友，勇敢地面對巨額債款、請他們協助幫忙，擬出償債計劃，直到十年後才漸將心中陰影袪除。

對「惜情、重情」愛面子的人而言，開口向人借錢是最痛苦的事，而欠人金錢未還期間，遇到債主經常讓我抬不起頭來。於是，以時間換取空間，我儘快出售名下不動產、向銀行貸款、向好友四處週轉，甚至在急需用錢時，還向投保的保險公司借款…看到畢生辛苦迅速化為泡沫，體會出全因「貪念」讓我於兇猛股海付出慘痛代價。

賭徒的DNA只有一個字：貪

在經濟學家的眼中：股票、大家樂、搶購囤積等各種行為，是人類揮霍慾望與金錢的投機遊戲，是史上不曾消失的金融嘉年華。而這樣的投機行為，則源起於人性的貪婪和無知。

事實上，由我在証券公司觀察及自己親身受害經歷來看，股票市場的贏家總是屬於少數人的，如大股東、真正有內線交易訊息等人，而散戶大眾百分之九十七點五是輸家，其主要因素乃在大股東是站在賣方，散戶投資者則站在買方，而且不知道避險，散戶買賣股票通常追高殺低，永遠隨著市場漲跌漂浮，往往有如草食的牛羊，常被肉食的獅虎吃掉一樣，這也是弱肉強食的生態。

股市專家掛在嘴上的「逢低買進、逢高賣出、你丟我撿」通常是理論，如何運用，對充滿人為操控的股票市場而言，存在著太多不可掌握的變數；因此，依我的觀察了解，進出股市者賺了錢會告訴朋友，輸了通常愛面子、不敢張揚，實際上在投資股票者，十個有八個是輸家，很少有人是在股票市場賺到錢的。

投資股票是正常的國際性理財行為，也是企業的櫥窗、更是自由經濟的一環，但做長期性投資者較少，大多數就像玩賭，所以要奉勸朋友，「股票若能玩，屎都能吃」。我這種說法或許對股友大不敬，但相信有百分之九十的人應會有體認。

股票市場利潤高、風險大，是一個很可愛、很迷人的所在，卻也充斥著「兇狠與貪婪」的人性醜陋面，所以有許多不知股海恐怖的人，前仆後繼、不信邪的投入。我奉勸朋友，千萬不要玩股票、家人更不可碰觸股票，也千萬不要到股票市場工作，以免像我一樣耳濡目染，禁不住誘惑潦下去摻一腳，無法面對者，甚至導致身敗名裂、家破人亡等社會問題。

想轉型發展其他事業，一直是我努力的目標，八十二年間我在股市慘跌大跤後，傷口正處於復原之際，我仍不放棄任何有投資賺錢的機會，也許是命該多磨、時運不濟，更是飢不擇食、胡亂投資，沒有事前做好市場評估計劃、抱持過度樂觀態度，也有很多合夥個案相繼失利，讓我畢生辛苦所賺錢財，如同「菜籃提水一場空」。

這些是：赴菲律賓投資經營砂石場事業，因菲國政界關係不足，原投資看好該案，遭菲國官方以各種政策為由百般阻撓，又因主事者能力不足，導致血本無歸。亞普達的網路事業。商務網路購物，擔任總裁者是一名優秀的史丹佛大學博士，規劃該網路公司以兩岸及國際貿易為主，前景看似美好，經營兩年亦因虧損結束。登揚建設房地產開發案。接受政商友人之邀，還找了永乾弟弟一同加入投資，結果遇到房市低迷，策略錯誤又被利息壓垮，公司結束。天津華信洋行，該案有統一關係企業參與投資，看好大陸酒品市場，進口洋酒到大陸各城市都會，廣告宣傳投入大筆經費，結果不敵走私洋酒價廉，同樣虧錢走人。生物科技公司。一家研發心臟病、糖尿病藥物的生物科技公司，原相當看好，但因研發經費過於龐大，經營陷入困境。以及百訊光電、宇通全球測試、晉江集成的投資案，也都因種種的客觀環境因素及主事者的能力，而業縮或改組。

總結一句，不可盲目投資，否則像是「寄屌交女人」（這句話是說，將男人最重要的命根子寄交給別人去和別的女人交好，受託人通常先自行享樂，而把委託人忘了。也就是比喻自己較得不到好處）

一些好朋友，一些人間活菩薩

跌入股海、是在居心人士的設局下，付出慘痛教訓；虧了大筆金錢，還不死心，接二連三的其他多項投資，無疑是企求儘速把投資失利的錢賺回來，這種想法如同賭徒的心態，愈想撈本、就愈心慌，也會更心煩，虧的更多，直至陷入黑暗深淵、仍無法自拔；而錯誤的投資策略，遠比吃喝玩樂更為可怕，所以要奉勸朋友當看清楚、也深刻體會到：投資決策一旦錯誤，宜應沈潛一段時日、審慎做好評估後再出發，否則大筆費用如流水般迅速消失，真的遠比吃喝玩樂所花掉的錢還可怕。因此，有句話說：吃不窮、穿不窮，不會打算或打算出錯的人一輩子窮，是有其一定道理。

接二連三的投資失利，讓我數度覺得人生灰暗，一度也對人性感到失望，甚至萌生自殺的念頭，但這些灰色的想法，則因我強烈對家庭的責任感而消逝，想到年紀尚小的兒女、想到對家庭的責任，及家族企業的牽掛，支撐著我活下去的勇氣，此期間，好朋友的關心、協助，讓我克服一關關的困境。

所以，走過人生最黑暗、長達十年的日子，我更深刻體會好友如同一尊活菩薩；人的一生中，一定要有許多不同業別的知心好友，為我們指點方向、協助解決生命中的疑難雜症。

這些知心好朋友將有如你的萬能導師，在你面臨不同狀況時，提供不同專業的協助，如醫師的好朋友，協助你做好健康管理；從事律師業的朋友，可以在你遇到官司糾紛時，提供您法律專業上諮詢，指導你如何打贏官司，保障自己的權益；擔任會計師者則提供你如何對你的財務開源節稅、精算、保護你的財產；還有一些財力不錯的朋友，如遇經濟上困難，可以提供你金錢方面的協助，讓你有機會東山再起，以及可以傾聽您各種不如意的朋友⋯⋯。

「人與人不相欠」。遇到值得深交的好朋友，要珍惜、要感恩，更要懂得付出。沒有對人付出，如何能收成？記得在我事業如意時，一位朋友競選地方首長，我寄付(捐助)一百萬元做為競選經費，當我投資失利、金錢上遇到困難時，一天找到該位朋友請他給我一些協助，卻看到冷漠的神情，當時內心很難過，但數年後一想，得與失，豈能以金錢上來衡量。

曾經在我人生中低迷期間，隨時給我幫助的朋友，不乏多位，如五連會兄簡春松，是一位非常重情的朋友，那些年我不如意時，他認為我犯了小人，四處為我祈福，希望我的惡運早日遠離。春松兄曾擔任過大園獅子會秘書，他的太太彩鳳因與靜枝妻子早就結識，獲悉有五連會這個聯誼會而加入。春松兄也是五連會第八屆會長，任內奉獻很多，策劃成立獎學金辦法，為人誠懇好相處，是時下不可多得的好人，且他們更是典型的模範夫妻，能與他們伉儷成為好朋友，算是我的有幸。

還有，選戰舞台的好搭檔，情同父兄，疼我如子的邱金標—阿標仔伯；共創五男會時任省議員的邱創良；小學同學、多年摯友的許武明；被稱為人格者，旅桃台南同鄉會大老的林福島；受人尊重的大溪湯富宏湯老師；在建築界很有成就的徐鴻進理事長；我住在台北的大嫂；以及我那生性樂觀、生下來就很好命的永乾弟弟。他們都在我投資失利、資金出現調度困難時，給我最迫切的幫助。

另外，還有與我因緣甚深的徐松川，則以真誠的心，在我人生最低潮、關鍵時刻，為我尋找無形中的力量，打開我苦悶的心靈，讓我勇敢面對痛苦的挑戰。這些好朋友，都是我生命中的貴人。

倘若，沒有這些好朋友在我最困厄的時候，伸出援手來相助，我常想，以自己微薄之力，恐怕走不出難關，對一生中最怕欠「情」的我而言，他們的恩情讓我一輩子銘感在心，活得充實不寂寞！

■ 參與社團服務，成為我終生的志業。

■ 台灣唯一的五男連心會新舊會長交接（左）黃宗維，（右）徐鴻進。

大陸行 酸甜大陸夢

江永忠書

中國雄獅初睡醒 牽動經濟國際性
商機處處万人傾 台胞西進各有因
我是天生勞碌命 轉進大陸繼續拚
時勢所逼離鄉井 為了賺錢也為名
廠內事業我用心 再創洋傘新生命
風光过了來收兵 放下重擔肩上輕
十年一覺大陸夢 酸甜苦辣不虛行
千載難逢是我幸 因緣際會慶今生

江永忠印

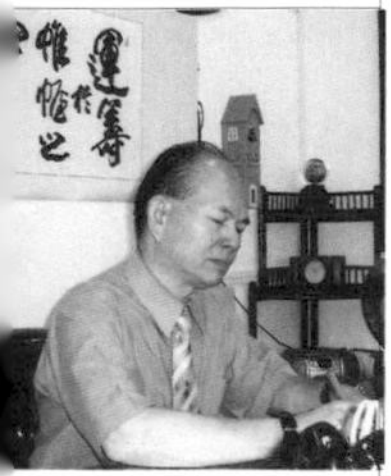

好運嘛會輪到我

第七章：西進西征，只為了洋傘第二春！

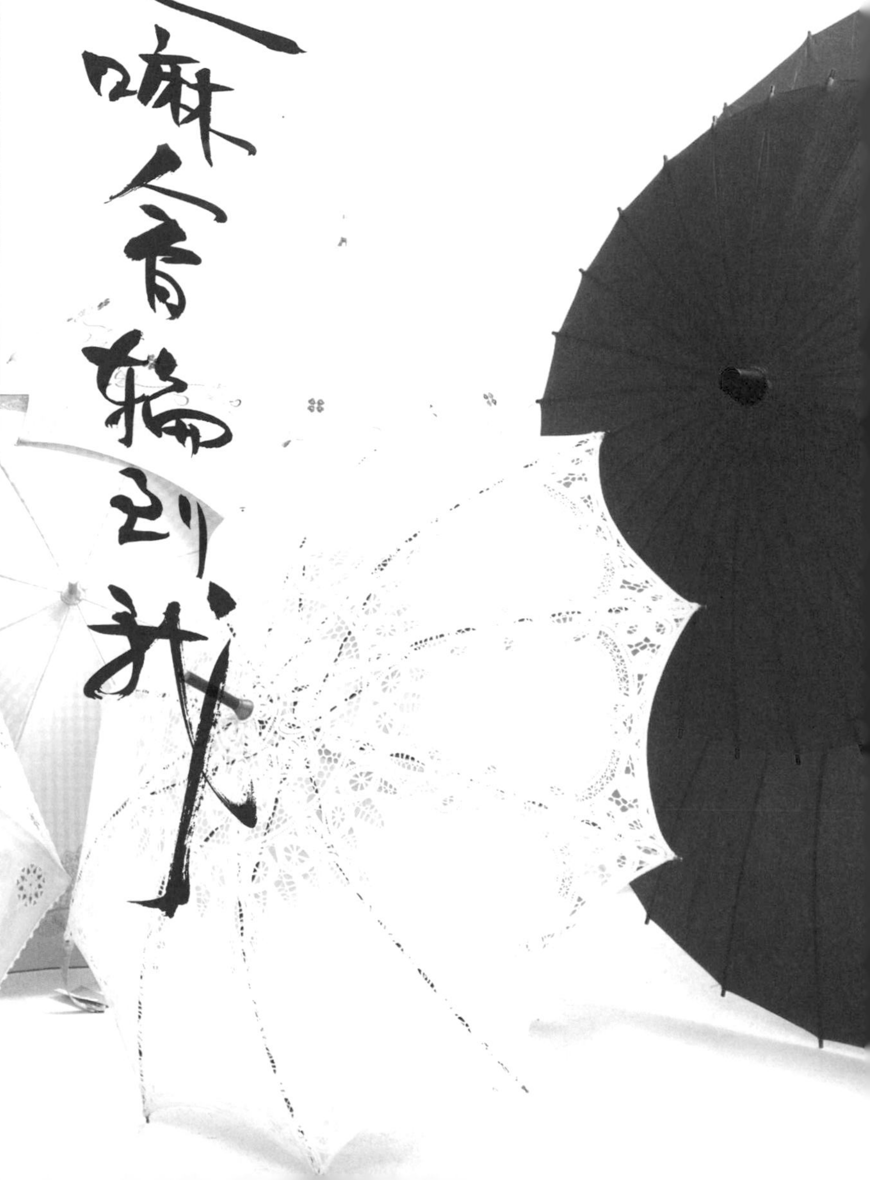

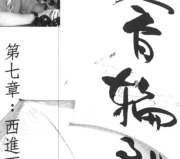

第七章：西進西征，只為了洋傘第二春！

面對「去與不去」的兩難，苦思多日後，我毅然向妻子靜枝表示：「輸人不輸陣」，江家有資金、又有訂單，何況我還曾擔任過全國洋傘公會理事長，最重要的是，不要讓外界把江家兄弟「看衰」去！

因為面臨失去，所以有些人被迫鼓起勇氣，尋找生命中的第二春，只為了讓生命活得豐富而燦爛、不虛此生；不甘江家打拚多年，在海內、外建立的製傘聲譽，即將拱手易主，民國七十八年，我展開艱辛的大陸行，再創江家在大陸洋傘事業的第二春。

台灣製傘工業本來就是一項獲利極低的半手工式工業，也是侷限於勞力密集、開發緩慢的工業。六十年代之所以外銷數量逐年快速成長（按工業局統計資料：七十年台灣洋傘出口外匯超過二億一千七百萬美金，佔全國出口貿易的1％，較之六十三年的二千萬美金成長率高達十倍。）台灣能在短期間內建立「洋傘王國」的美譽，主要源於日本製傘業界因工資高漲，發現無利可圖，放棄中、低級產品的製造，本國業者在承襲了日本的製傘技術、趨於純熟後，幾已可自行量產、以薄利多銷方式爭取大批訂單，並囊括了整個國際洋傘市場。就是這樣亮麗的成績，不得不讓國外報導TAIWAN UMBRELLAS COVER THE WORLD而使台灣享有「洋傘王國」美譽。

大家樂，讓洋傘工業從此不快樂

七十年代起，受到國際經濟不景氣引發的經濟風暴侵襲，國內多數製傘業者為了自求生存，削價競銷，或者為了資金週轉，削價求售至低於成本、甚至虧錢也在所不惜；這種可悲的現象，對當時尚未生根的洋傘工業，一時間造成產銷秩序的紊亂、供需失調。

另外一項更大的隱憂是，台灣的製傘工業，人工佔生產成本比例極高，無法以自動化、機械化代替操作被動的人力生產，因此必須付出極高的管理代價。台灣製傘面臨勞動力缺乏、流動率高、勞力取得不易（當時台灣電子業已開始發展、萌芽，工人逐漸轉向待遇優、工作環境佳、福利好的電子工廠工作），許多的洋傘工廠設備未能充分改善，生產潛力無法發揮，因此當時已有許多業者感到無法再創新機，有的萌生退出傘界，更多的是傾向於逐漸縮小生產規模。

「時間，讓花朵枯萎；環境，也讓台灣的雨傘花凋零！」當時我即有感於此，所以不管是縣議員任內或任滿，不斷地赴日進修、考察，處心積慮找尋及嚐試企業轉型之路，都只是為了能發現更多的新契機。

目睹著台灣製傘業快速興盛、欲將迅速式微、衰敗的情景，七十三年間我時任台灣區製傘工業同業公會理事長，不時大聲疾呼鼓勵業者要自我警惕、盡量節省開支、降低成本，投入新品研發、改良品質、整頓業務，加強工廠管理，建立制度以惕勵產業的提昇，以高品質的產品，來換取量少、價好的高利潤做為奮發突破的目標，迎接國際間的競爭與衝擊。

儘管不斷向業界提出呼籲，諄諄忠告同業，力挽即將衰敗的製傘工業，但令人惋惜的是，台灣製傘業竟因「全民運動、大家樂的」危害，交出世界「洋傘王國」的霸主地位，讓大陸取而代之。

七十五年間，「大家樂」盛行，使台灣洋傘業的大支柱——即大街小巷一家家「家庭式洋傘代工廠」做縫傘、釘傘骨配件的家庭婦女，不再想辛苦工作，沈迷於錢財來得快、去得也快的大家樂簽賭，業者縱有訂單在手，也找不到人工作而興嘆！所以，台灣製傘業大江東去，「大家樂」是壓垮駱駝的最後一根稻草。

找死或等死，真是生死兩難

七十五至七十六年間，有些市場嗅覺靈敏的製傘業者，在兩岸往來尚未開放前，即悄悄登陸，去勞力低廉、尚未開發的大陸地區設廠，以台灣接單、大陸生產的方式，期突破在台灣所面臨的製傘困境。

七十五年底規劃建廠、七十七年初正式開工投產的台灣大建洋傘廠，雖採取「人銷管發財」（指的是人事、銷售、管理、研發、財務）的管理方法以及現代化的設備，但也僅維持二年的好光景。縱使我投下了很多心血、扭轉經營上的瓶頸，定位於高價位的高級傘目標，亦難敵國際大環境變化，對台灣傳統的製傘產業所帶來的衝擊。

面對台灣製傘事業發展的困境與日俱增，以及大陸台商洋傘廠逐漸成為市場上的新競爭者、訂單的日漸流失，是否赴大陸再創洋傘事業第二春的抉擇，此時此刻，攸關著江家洋傘事業的起落，以及我個人的人生轉變。

眼見台灣製傘業二百家已出走大陸一百五十家了，而曾是台灣製傘業霸主的江家，卻按兵不動，一時間各種傳言四起「江家兄弟失和、老江已年邁，無力帶領江家……」等各種說法紛紛，對曾經

■ 為了設廠，兄弟倆四處在大陸沿海奔波考察。

是全省製傘工業龍頭家族成員一份子的我而言，油然而生「輸人不輸陣」的好強心，挑起我前進大陸的動力。

「別人能、江家兄弟豈能不能！」百般排除兄弟中不同的意見聲浪，七十八年，或許是我人生驛動之年、也是我運行西走的歲月，我和永兆大哥及多位好友相偕、多次踏上大陸，展開設廠投資考察之行。

才築了夢想，不料先被搶

七十七年間（大約在十八年前），滿懷著開創洋傘事業第二春的夢想，搭機抵達廈門機場，機場週邊到處可看到懸掛著飄揚的五星旗，拿著槍枝、穿著綠色軍服、神情肅然的站崗軍人，乘客魚貫的進入機場大廳，經過一處走廊轉彎天井、一盞10燭光昏暗的燈泡，訴說著機場設施的老舊與落伍。

等候安檢及入關驗照之際，看到關員無精打彩、邋遢的穿著，四週站立的公安、晦暗的驗照大廳，緊張的氣氛，讓初抵異鄉的我，內心惴惴不安，唯恐稍有閃失在這個人生地不熟的「匪區」，恐遭不測而無人知！

封閉許久的大陸，人民普遍的貧窮，各地建設落後，開放後看到來自各方的旅人，光鮮的樣貌以及出手多金的闊氣，撩起人性底層的惡念、貪念，各種治安事件頻傳，並在台商之間盛傳開來，奈因人生地不熟，防不勝防！

有一天，託友人雇請牢靠的計程車由深圳啓程到六百公里遠的廈門，親自去了解、察看沿途的交通狀況，一旦設廠後貨物如何運送的路線。沿途道路坑坑洞洞、遇黃泥路面黃沙飛揚。車途巔跛難行倒也罷！可怕的是，車途中遇到十三次的公安臨檢，二次碰到光天化日下公然搶劫的搶匪，一次幸師傅（司機）交出二百元，始化險為夷，另一次則是搶匪搜身，刮走我身上僅存千元才放行。

六百公里車程，一路驚險萬般，師傅開了近卅個小時才抵達，身上錢財已被沿途搶匪搜刮一空，車資只得向廈門台商友人暫借給付，幸平安了事，如今回想起來，餘悸猶存！

一年內，設廠投資考察的足跡，不僅是沿海的香港、澳門、廣州、東莞、深圳、黃埔、福州、泉州、廈門、上海、天津、北京，甚至遠在好幾千里外的哈爾濱商品交易會，我都親自前往了解，就連當時交通不便、窮鄉僻壤的

■ 第一次登陸在廈門機場拍照留念。

龍崗、樟木頭、惠陽、寶安、漳浦、詩山、崇武、南安、長泰、石獅、晉江等也有我落腳的痕跡。

「父母在，不遠遊，遊必有方」。七十八年十二月二十八日是我一生中無法忘懷、感傷的日子。那一天，我與永兆大哥在廣州考察，深夜兩人夜宿當地旅店，房間內電話鈴聲作響，人在台灣的永乾大弟從台灣轉經香港、好不容易才撥通的國際電話，語氣緊張的告知：老爸臨時中風病危，目前已送長庚醫院急救，狀況不樂觀，請搭機速回桃園南崁家中……

接獲此不幸消息，兄弟倆心亂如痲，立即深夜僱車漏夜啓程，以最快速度直奔深圳海關，抵達時才清晨四點半，天色尚未破曉，晨曦中，寂靜海關、空空蕩蕩，我與大哥在海關大樓大門外苦等，恨不得此刻間身上有翅、直飛家中。直到早上八點，深圳海關上班，火速通過搭乘火車直往九龍火車站、再轉搭計程車抵香港機場，以候補華航機位搭上班機，趕抵家中已是下午二點五分。

壯志未酬，老爸身先死

趕抵家門與大哥直往父親病塌，見到奄奄一息、昏迷不醒、戴上氧氣罩的老父親，霎那間，知道老父親已離我們而去，淚水奪眶而出、無法自止⋯⋯回想老爸生前一再叮囑，大陸開創洋傘事業第二春，猶如虎山行，要我以身體健康為要，豈料卻因登陸投資考察，無暇伴陪老父，致未能於病塌見其最後一面，是我一生最大憾事。

與兄弟辦好父親後事，七十九年初，拾起悲傷心情，再度面臨「去與不去」大陸的抉擇。去，是找死；不去，是等死。眼見台灣訂單逐漸減少，工人有出無進，綜有訂單也無人生產；台灣傘界有優越條件或強烈企圖心的工廠，都已陸續轉往大陸投資設廠，各種不利台灣製傘業的大環境因素，似乎言明欲重振江家製傘名聲，唯有到大陸「找死」博一下了。

然耳邊再度響起，老父生前再三叮嚀「阿忠，你是患有肝病的人，前去大陸相當辛苦，身體重要，你千萬不要逞強，其他兄弟不想去、也沒有能力去，就算了！」

老父的話言猶在耳，正緩卻我前去大陸的腳步之際，業界又出現「老江過身了，伊江家無頭人啦，已經沒材調(能力)去大陸投資設廠」的各種說法。

面對「去與不去」的兩難，苦思多日後，我毅然向妻子靜枝表示：「輸人不輸陣」，江家有資金、又有訂單，何況我還曾擔任過全國洋傘公會理事長，最重要的是，不要讓外界把江家兄弟「看衰」去！

下定前去大陸投資設廠的決心，此時我已陸續多次進行大陸考察前後約一年，既然為爭一口氣，為了延續江家製傘業的生命，也認知大陸行一定要付出很多的心力、血汗，在「甘願做、歡喜受」的信念下，立即加快各種投資設廠籌備腳步，畢竟我們登陸時間已慢了許多同業一、二年，再不以時間爭取空間，生存將益發困難。

七十九年間，廈門是台灣企業主去大陸設廠的焦點所在，適值台灣經營之神王永慶要去海滄地區投資與設發電廠的大動作的敏感時刻，有很多台商已在當地設廠或經商，也有台商與廈門官方相關單位投資合建台灣工業園區，當地呈現欣欣向榮樣貌，兩岸三通、廈門經濟特區改革開放十年，說得繪聲繪影。

因此，初部決定設廠地點選擇在台商聚集的廈門，至於是要到廈門偏遠鄉下設廠，還是廈門市區附近的城市設廠，幾經評估後決定在交通便利的廈門市區湖里設廠。因為，在廈門市區設廠，雖然土地取得成本、勞工工資都較高，但便捷的交通網絡對貨物的進出口，有助時間效能的提昇。而若在廈門偏遠鄉下設廠，土地取得與勞力成本較低，但交通上的不便，卻使貨物的運送，增加成本。

設廠的地理條件、投資環境及生活習性等考量妥善後，為了加速投產時間，我除了訂購一座興建中的廠房、命名為大建傘廠，進行廠房與建工程之際，並先與廈門北方工業公司合資成立「金牌洋傘有限公司」，兩個月後，並將接續承轉的訂單投入「金牌洋傘有限公司」生產，逐步展開我們江家製傘產業在大陸的第二春，同時也讓我做了一個將近十年的酸甜苦辣大陸夢，豐富我一生。

【金牌．大建】

在廈門的傘廠，也是江家在大陸的生產基地。

【簡單．簡明】
大陸的樣品室（上）辦公室（下），我只要求布置簡單、簡明，並沒有走豪奢路線。

率軍西征，決戰廈門

我矮小的身軀、挺著「堅強的毅力」、生活中的淬練與智慧，七十九年十月底，帶著八位台灣廠的幹部及製傘師傅，以及自香港中轉運抵的四個貨櫃，內有整套製傘設備以及二千打用來做為培訓員工用的洋傘原物料，落腳在廈門島內。

看到抵達工廠的貨櫃打開卸貨、推進廠時，頓然間我感受到自己肩上的壓力無比沈重，暗許自己「只許成功、不准失敗」。

從無到有招募員工，當時廈門從內地湧進、來自四川、江西等各種省份的工人很多，要招募工人相當容易，為了要找工作，報名的工人通常得繳交一元的報名表費用，以當時物資低廉的廈門，吃一餐只需五毛錢，反觀當時的台灣，不只勞力缺乏，就連上了年紀、四十歲的女工都很難找。

招募工人的單子發出去不久，湧進來自各省、約五百位十八歲到四十歲的女工，他們為了找到一份工作，還得自掏腰包購買一塊錢人民幣的報名表，列隊等候人事單位的面試。因為廠方第一梯次只要二百位員工，所以競爭激烈，我們並挑選十八歲到廿歲左右，眼力佳、面貌清秀、沒有戴眼鏡、沒有色盲的女工來培訓、試生產作業。

在全廠員工積極工作以及有效的管理指揮下，從工人的招募，技術的培訓、工廠規則的制定、生產線的規劃、機器的安裝以及人事、總務、出納、會計、倉管、運輸報關、免稅進口原料的核銷⋯企業經營的各方要素，逐一落實在這個新廠上。

新廠啓動生產期間的三個月，我就像一顆不停轉動的陀螺，連上個廁所、休息片刻的時間都忘了，甚至為了幾盒超小尺寸的製傘零件銅釘，專程搭車遠去上海尋找、購買；為了增強員工的生產效率，百忙中，帶領廠內幹部遠赴百公里外的漳浦台商工廠見習觀摩，精神全力投入、日夜賣命工作，終於全廠的各項作業漸上軌道，緊繃神經才得以日漸放鬆。

適逢歲末年終，秉持著感恩的心，廠方舉辦員工聚餐，也就是台灣的尾牙，這在當時的台商企業並沒有人舉辦，因此大家笑我：何必對員工太好，這樣做，未免太隆重了。當我與妻子靜枝看到廿桌、二百位員工高興的聚餐、歡樂的進行摸彩活動，對這些年紀足以當我女兒般的員工，留下感激、喜悅的淚水，慨嘆製傘的生機，已轉移到台灣彼岸的大陸，內心不禁百感交集。

大陸新廠的管理，採取人性化方式，除為員工訂做制服、佩戴識別証，還有以及優厚的員工福利；因此，穿著「金牌洋傘」制服的員工外出時，被認為是「有水準、薪資優」的工人，往往是當地人士及勞工們欣羡的對象。建立「金牌洋傘」自信的工作環境，生產效率與品質亦大幅提昇。

當第一批投產的二千打成品，通過日本外商客戶認可，能外銷出口時，也確定廠內生產能力，雖然接單的工作皆由董事長大哥在處理，但是負責內部控管、管理工作的我，又要思考如何實施所謂的「兩頭在外」—台灣備料、香港出口的財務運作重頭大戲。

所謂「兩頭在外」是當時大陸為招商而盛行的既定可行政策，外商可以由台灣或香港進口原料免稅（要辦理批文、記帳，先入關生產，出口後，再依規定核銷），到大陸加工再出口；出口時也可以透過香港貿易商或台商去香港開設的公司押匯做銷售轉運站，而大陸只需留大約二十％左右的發工資及其他運雜費等經費，也就是說大部份的錢都留在境外，通稱為台灣接單、香港押匯、甚至也可以在台灣押匯。為了進行此項工作，我必須十天或半個月就台灣、香港、大陸三地奔波。

帶去大陸新廠的台灣幹部，因為月薪必須在十萬元左右（包含二個月休假一次七天的來回機票、國外津貼的福利），以當時的工資水平，一個台灣幹部的薪水可以請到大陸工人大約四十～五十人左右（大陸工人工資每月大約四百～五百元，匯率1：4計，則每個月才需要一千五百～二千台幣，十萬台幣÷二千台幣＝五十人）。

為了降低大陸生產成本，台籍幹部協助培訓大陸員工的階段性任務完成後，除了留二位高階人員擔任大陸新廠廠長及經理，其餘幹部皆於投廠後的三至四個月召回台灣，這是一般台商在大陸的普遍作法。

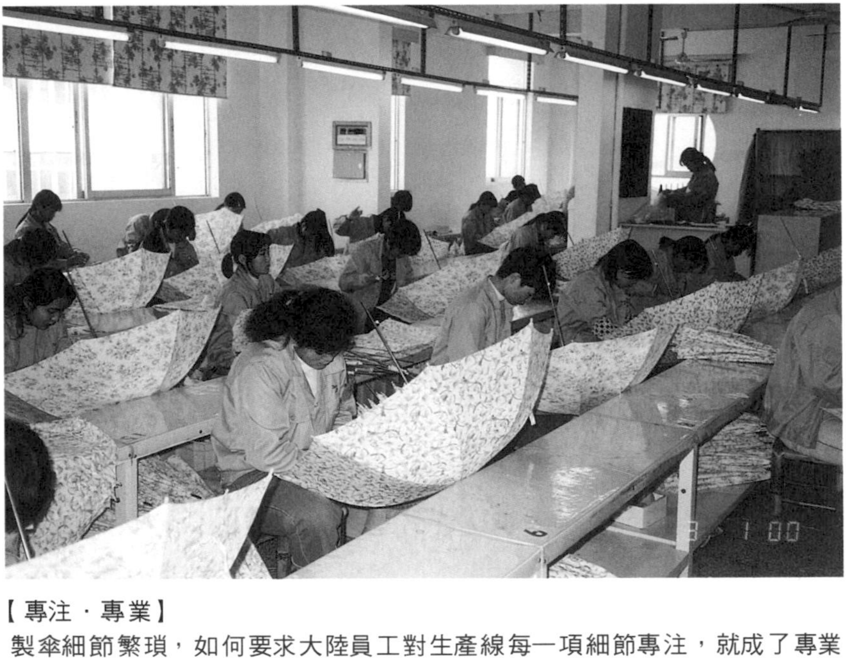

【專注・專業】
製傘細節繁瑣，如何要求大陸員工對生產線每一項細節專注，就成了專業的考驗。

【粗重．利薄】

洋傘是勞力密集產業，進貨出貨都相當粗重，悲哀的是本重利輕、人員管理不易，終究敵不過夕陽產業的宿命。

金牌洋傘，優秀的樣板工廠

堅持以實力、能力、盡力執行生產作業、追求卓越品質，是「金牌洋傘、大建洋傘」的企業目標，當整個工廠的組識架構、指揮系統、分層負責的領導統御管理模式落實後，整個廠區的生產運作就如同進入軌道的人造衛星，可以自行運轉，心裡的大石頭放下，心情也豁達開朗。

「人，一定要自助，才會有人助、天助。」設廠的各項作業進入軌道，在「天時（大陸製傘生機最佳時刻）、地利（設廠所在地便捷的交通環境）以及人和（廠內員工勤奮的工作、人性化管理）」三方良好條件配合下，大陸新廠展現蓬勃朝氣景象，業績直線上升，連續好幾年的出口創匯都在美金八百萬以上，被大陸官方列為優秀台商投資廈門的績優廠，也成為政府指定參觀的樣板工廠，同時是廈門市外商投資先進企業。

尤其是，八十四年間在全廠四百多位的員工配合以及週邊數家代加工廠的協力支援下，更創下年營收九千八百七十八萬人民幣、折合創匯一千二百萬美金、等於約三億多新台幣的輝煌佳績，榮獲福建省第一五七名最大經營規模的企業，而當時的大陸新廠更成為媒體、電視爭相報導的焦點，這是江家洋傘在廈門風光開創洋傘事業第二春的甜美果實，也是江家洋傘破紀錄的最高峰表現。

金牌洋傘、大建洋傘在廈門建立響噹噹的聲望，廈門洋傘廠江總（江永忠總經理的簡稱），當時在廈門可是小有名氣，洋傘同業或台商朋友偶而半開玩笑說：中國大陸有兩位江總，一位是北京的江總（江澤民總書記）、一位是廈門的江總（江永忠總經理），回想起當時受到的掌聲肯定，讓我體會精彩人生，要靠自己努力經營。

■ 金牌、大建洋傘成績斐然，員工新春餐會上台感恩致謝（上），台籍幹部功勞不小（下）。

欲在人前顯貴，必在人後受罪！辛苦耕耘，歡喜收割的同時，廈門風光的背後卻也有許多不為人知的艱苦，迄今仍歷歷在目，簡述幾起有：

● **工廠遭竊**。農曆年是中國人的重要節日，工廠依例都會放年假十天，雖然員工都休息不上班，但仍留有門衛輪值看守，工廠的門窗也上了鐵條以防宵小入侵。有一年農曆年假，回到工廠發現廠內的二層庫房裡，進口的尼龍布料遭竊走八十多捆，總數近一萬多碼的傘布，價值差不多台幣五十多萬元，一夕泡湯。

面臨工廠原料遭竊，經呈報公安追查，但仍找不回來，還要做很多書面報告給工商局、海關、安檢單位會勘，前後費了將近二個月才核准來料註銷，否則還要補繳巨額的進口稅。

● **策略性的推銷術**。設廠期間，有一年廈門地區突出現嚴重電力不足情形，緊急採取各工廠限電或輪流供電措施，由於多數工廠都在趕貨，豈能容許每週限電一、二天，或每天限電一、二小時情況發生，勢必嚴重影響產銷作業及發生停工造成的各種困擾。

面對此一問題如何解決，廠商間傳出，只要購買黑龍江省製造的某一廠牌發電機，並聘雇一名電機技術人員即可獲准自行發電，解決電力不足問題。於是，當地多數廠商透過介紹，以人民幣十八萬購買指定廠牌發電機及聘雇指定技術人員後，自行發電沒多久，電力不足的問題竟然即告解除，限電的措施也不需執行。

究其真因，原來是黑龍江省製造的某一廠牌發電機因大量生產乏人問津、滯銷，竟與供電單位共同想出限電措施，並指定廠商購買該廠牌發電機、聘雇電機技術人員、即可自行發電的「策略性推銷術」。看著閒置在廠內角落、價值台幣八十萬元左右、才用了幾天的發電機，只能說早期大陸充滿著荒謬、人治的色彩。

● **貨櫃沈海**。過年前日夜趕工、要外銷日本的二千八百多打洋傘，裝入貨櫃、上船後，我歡喜的回台灣過年。七天年假期間、某天坐在家中看到電視報導，台灣海峽天候不佳、風浪大，在金門附近外海有艘貨櫃輪被大浪衝擊翻覆、沈沒於大海，露出船名畫面清晰可見。

看到電視播出的畫面，內心狐疑著，真有可能這麼巧？拿起電話打給永兆大哥，告訴他沈沒的船隻好像是我們在廈門裝櫃出貨的那一艘×貨櫃輪，再急忙拿起電話與大陸方面連絡，証實自己的猜測無誤。雖然保險公司有理賠，沈船亦屬不可抗拒因素，但是日本客户的商品是有交貨期限，為了履行信用，日本客户要我在一個月內將原訂的貨補送，為此我決定重新緊急加工生產、安排再出貨期以達成顧客要求。面對此突發狀況，讓我們平白增添一個月的麻煩事，而保險公司的理賠動作，也讓我們交涉了將近八個月才獲得比照出口價百分之九十的賠償，真是天有不測風雲。

● **工廠罷工事件**。民國八十三年邱創良競選省議員連任，我專程回台灣投入輔選工作，選舉正在緊鑼密鼓之際，突然接到廈門緊急電話指稱：『工廠工人罷工，請速回處理』。頓時心急如焚，私下向創良兄與金標伯取得諒解，火速趕回廈門展開「危機處理」。

深入了解情況，工廠有二百多位員工，罷工第一天裁布組有五位不上班，第二天裁布組、合片組有廿位不上班，第三天連機縫組、手縫組有五十多位員工也跟著不上班，演變到第四天竟有半數員工不上班，其他部門也陸續跟進不上班。工廠各部門負責人眼見情形越來越嚴重，勸也勸不聽，大批拒不進入工廠的員工在廠房外大聲抗議，引來勞動部門前來關切，要我們妥善處理。

向來以人性化管理、福利好的洋傘廠，為何發生罷工事件，經深入了解，起因於近幾個月來，因大批訂單需要趕貨，致員工加班太多，休假少，有工人感到太疲憊時常請假，一日一位裁布組的工人提出請假要求，遭台灣領導幹部拒絕並出言：「要上班就上班、不上班也沒關係，沒差你們幾位」，雙方因此起了言語衝突，藉該句話為導火線，私下發動員工罷工，並趁此要求調高工資、減少加班時數等。

由於洋傘工廠的工序由第一裁布組開始，接著為合片組→機縫組→手縫組→檢整包裝組→傘骨配件組→包裝組……一旦上游工序停擺，產生的骨牌效應勢必影響到下面組別的工作進行。事實上帶頭者只是少數幾位，多數的員工都是盲目的跟從而已，並不想要罷工，而是想賺錢。

了解罷工的原因後，我迅速找出癥結所在，採取下列措施因應：(一)、向勞動局報備，處分帶頭的煽動者，並開除三名滋事的員工。(二)、自即日起減少加班，每週加班不超過十五個小時，每個月最少休假兩天。(三)、全體員工自下月份起依本薪調升5％。(四)、爾後各部門要請假時，為顧全工序，同一天、同部門請假人數不得超過20％。(五)、不得再任意罷工，否則開除。

整起事件從發生到解決，前後只有五天時間，看到當時站在廠外的數百名工人、不進廠上班，卻群集在廠外大門口，雖沒有動武或示威，但仍讓人怵目驚心，並以此為戒，管理上絲毫輕忽不得。到大陸投資設廠，由初期招募工人數百人排隊情形，快速變化到勞工意識高漲，前後不到五年，顯示工商繁榮後，民主與人權的問題，很快就受到重視。

● **女佣遭搶**。大陸人多地廣、治安差，多數人都有這種看法；但是在廈門島上的治安，在大陸來講算是蠻好的。一天，我正在工廠上班，突然接到電話說，住家的女佣(即是我工廠司機的太太)遭搶劫，被歹徒打昏了頭、流血不止送蓮花區醫院急救中，接獲通知，我立即趕往醫院探望，並安排住院等事宜。

數天後，這位女佣出院了，雖然花了我醫療費用數百人民幣，也向公安報了案，就等公安破案，好像事情已處理妥善，但沒想到，煩惱困擾的問題才正要開始呢！這件事讓我困擾長達一、二年才善了。

從醫院出來後，被搶的女佣先推說頭暈要靜養，需要購買補品藥材調養身體，接著說要到上海去補牙……逐一提出各種身體上的毛病，都因被搶造成，女傭與他的司機丈夫，向我陸陸續續、計劃性的索賠長達一年多，最後經由一位廈門大學教授出面才善了，前後花費八萬多人民幣。

住家女傭遭搶案，迄我離開廈門，仍未破案。

另類的八年抗戰，有笑有淚更有累

「叫著我、叫著我、黃昏的故鄉一直叫著我……」

八十六年間，也就是前進廈門的第八個年頭，我向董事長大哥報告，決定「收兵」。獲認同後，內心不時哼唱起這首耳熟能詳的台灣歌曲「黃昏的故鄉」，想到大陸行開創洋傘第二春，飽嚐著酸、甜、苦、辣，淚水不自覺的流下來…

在廈門建立洋傘事業第二春，成果輝煌，戰績風光，前進廈門設廠從勘察到籌備期，費時將近二年，決定「收兵」退場，也花了我將近二年時間，才處理圓滿，了無牽掛的回到台灣，並在因緣際會下，從事改變我後半生的天珠事業。人生的變化，生命中的每一個轉彎，深信都有它的意義。

正當世界各地的企業主，看好中國大陸是全球的核心發展國家之際，我卻決定撤離這塊看似商機處處的地方，並非經營不善，生存不下去，而為何要結束大陸洋傘事業，始終是許多朋友關切的話題。原因大致有：

● 大陸本土製傘廠的學習力很快，初期先與台灣製傘業合作，學得各種製造技術、經營管理方法後，退出合作機制、自立門户，成為新的競爭對手，而這些大陸本土製傘業者，日益茁壯、成長，來勢洶洶，對在大陸設廠的台灣製傘業者而言，無疑是可怕的競爭對手。

● 江家第三代，雖枝繁葉茂，但卻無人繼承製傘事業，大家各自有發展天空。

● 我在大陸或廈門沒有成長或長住的規劃，我只不過是十年「過客」。不像有些台商到大陸投資設廠，無法忍受寂寞，與大陸女子發生感情，在大陸有了另一個家，自此被套住後半人生！

● 廈門傘廠的生產成本逐漸提高。選擇廈門市設廠主要是其便捷交通之故，但迅速繁榮的廈門是商業都市中心，勞工工資調高，已不適為工廠所在，否則將因成本增加，競爭力降低；如需再創佳績，必須遷往勞力便宜的內陸地區設廠。

● 洋傘事業生命週期中的高峰已過，往後將逐年遽下的情勢，商機已不被看好，無法力挽狂瀾。

● 見好就收。上台靠機會，下台靠智慧。人生舞台上，上上下下，唯有智慧判斷。大陸投資設廠八年，成果輝煌，但大環境變化已顯示不利繼續發展，即應見好就收、急流勇退，才能對兄弟家族事業做最好交待。

● 退場要趁早。當市場大環境的變化呈現不利已情勢時，要儘快退場。也應掌握最好契機，以免造成日後遺憾。

● 俗話說：進兵雖難，退兵更難。尤其是在退兵時，如何不讓人馬毫髮無傷，縱有損傷也要降到最低，全賴主導著的經驗與耐心、真心。退場的善後處理，前後費時兩年才妥善圓滿，箇中「眉角」包括：

(一)、排定輕重緩急，依序以時間換取有利於己的空間。

(二)、清理庫存呆料，盡量製成成品出售。

(三)、廉價出售存貨，不管成品或原料。

(四)、出售機器設備(以二手或三手價降低求售)。

(五)、分批解散員工。以最優厚的標準發給員工遣散費，同時贈送員工每人五支自己工廠製造的傘給他們做紀念，讓他們毫無怨言、對工廠有更多懷念。

(六)、財務、總務的清算結算。工商局的註銷、外管局的報告、海關手冊的結案批准等，完成整套企業結束案。

(七)、廠房出售。以較長的時間來變賣不動產(勿操之過急，否則不會賣到好價錢)，廠房出售可透過可靠的朋友或仲介代為處理。

回想，我要結束工廠、停產的預告會上，召集全體員工講話時，我費心先擬了一篇感性的講稿，內容表示：

我們洋傘廠從無到有，大家都曾努力奉獻過，在這八年中，由絢爛到歸於平淡，即將成爲煙雲的過程裡，可說有歡笑、但也充滿心酸。

雖然不久，工廠將要結束，曲終人要散，難免令人感傷，但是又何奈！人生旅途上，只要曾經擁有，就不一定要天長地久；只要對人、對事都盡心盡力做了，只要問心無愧，就了無遺憾，因爲我們都曾經同心攜手爲這個洋傘廠奮鬥。

我永遠難忘記，講完上述一席話後，許多員工紅了眼眶，有的人還哭得很傷心，而我內心也百般不捨，若非妥協於現實環境，任誰也不願輕易道結束。

月是故鄉明，詩表夢初醒

身在異鄉，歌聲是最好抒發情感與引發共鳴的方式之一，但因為沒有像台灣有「那卡西」可隨興伴奏，為了炒熱氣氛，有時候餐廳或KTV裡現成的杯盤、碗、筷等器皿，就成為我們敲打的樂器，大家大聲的唱和著，抒解在異鄉的寂寞與苦悶。熱愛作詞的我，到大陸工作期間，偶爾與台商好友相偕到當地KTV唱歌、放鬆心情，八十年十二月於廈門，我以BLUES（布魯斯）慢四步節拍作了一首「月是故鄉明」（歌仔戲曲調），並教許多台商唱的歌，歌詞為：

1991年 于廈門
（教台商好朋友唱）月是故鄉明

(一) 雖然是環境的影响 也是我意志太堅強
才著來離开故鄉 心情煩重無地講
來到廈門在流浪 夜夜思親念故鄉
那不是為了著理想 也不免受風霜
啊！流浪啊流浪 有啥人要流浪
啊！理想啊理想 有啥人無要成功
作著一個堂堂的男性 一心一意找前程
他鄉雖然好光景 月是故鄉明

國語
(二) 雖然是環境的影响 也是我意志太堅強
才來離開家鄉 心情沉重無地講
來到廈門在流浪 夜夜思親念故鄉
若不是為了有理想 也不會受風霜
啊！流浪啊流浪 有誰想要去流浪
啊！理想啊理想 奮鬥成功誰人不想
身為一個堂堂男子漢 要為理想去闖盪
他鄉雖然好風光 月是故鄉的光。

大陸順口溜，必備語錄

「順口溜」是中國民俗文學，是一種由百姓自行創作、有韻的唸白，內容通俗易懂、描述入木三分、深具諷刺性，因而能口耳相傳，廣為流行。其中「大陸順口溜」是中國民間文化最直白的體現和總結，因其簡潔有力、通俗而有趣，往往能針貶時事、一語道破大陸的社會現實，讓人在了解大陸狀況的同時，不禁會心一笑。

以下是我在大陸期間，聽到一些有趣的順口溜，相當有趣，搜集整理和大家分享。

(一)、形容下崗（指失業）女工的境況

下崗女工莫流淚　轉進酒家夜總會
陪吃陪喝又陪睡　為了賺錢不怕累
註：三陪（指陪吃、陪喝、陪睡）

(二)、大陸二奶的順口溜

不生女　不生男　不給政府找麻煩
不爭地　不佔房　工作只需一張床
無噪音　無污染　挑動內需促發展
你爽　我也爽　大家都健康

(三)、現代阿陸仔(大陸人)必備語錄

麻將，要二、三夜不睡
酒，要二、三瓶不醉
舞，三步、四步也要會
吃飯，三攤、四攤無問題(台語)
作愛，三次、四次不會累
老闆在場，小心閉嘴
老闆不在，牛皮可以亂吹
老闆説的，什麼都對
有好處的，馬上去追
有事情的，就要閃退

(四)、江澤民當時煩惱的順口溜

江主席有一天登上天安門城樓時
向北看　下崗工人一大串
向西看　到處都是窮光蛋
向東看　走私輪船剛靠岸
向南看　三陪小姐滿街站
向上看　美國鬼子扔炸彈
向下看　小心法輪正在轉
於是江主席走進了毛澤東紀念堂，
毛澤東告訴江主席：你躺下，我來幹

註：這是在諷刺當時江澤民時代的困境，他要面對的問題，滿寫實的。

第八章：大陸大驚奇

好運嘛會輪到我

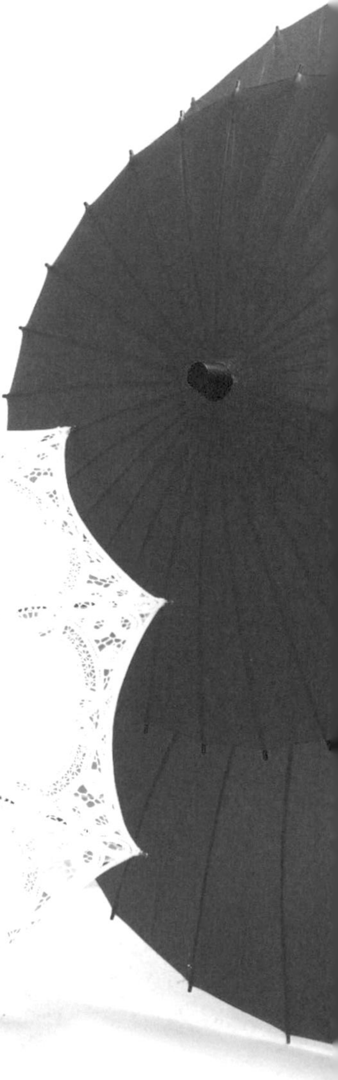

第八章：大陸大驚奇

親自體驗了各種光怪陸離與酒、色、財、氣，在異鄉如果不懂得適時沈澱，往往就只能落得一世沈淪了。

廈門島又稱之為「鷺島」，傳說在遙遠的古代，常常有成群的白鷺棲息在廈門島上，因而得名。與台灣僅一水之隔的廈門，自大陸實施改革開放之後，在對台關係中佔據著極其重要的地理位置。

中國大陸從七十三年間開始，賦予廈門經濟特區的種種特殊政策、靈活措施，為特區經濟的發展帶來了蓬勃生機，同時也因廈門與台灣的地理環境、風俗習慣、語言文化相同，吸引台商紛紛湧進，廈門對海峽兩岸關係的發展更起了重要的微妙影響。

正以跳躍式進步的中國大陸，各項建設發展突飛猛進，記得我剛到廈門一、二年，回到台灣時，尚慶幸台灣的生活水準雖不如日本，但遠比大陸進步許多；豈料，隔了三、四年，卻驚訝台灣的建設停滯不前，早已被廈門迎頭趕上，乃開始憂心台灣泛濫的各項大小選舉，政客為了選票，過度的民主與不彰的公權力，在在拖累了台灣的競爭力。

七十七年間，我剛抵廈門投資考察設廠環境，當中，看到了二十年前已稍為進步的大陸沿海城市，也看到了宛如台灣四十年代落伍不堪的大陸鄉村。初抵廈門時，機場週邊的計程車師傅（司機）、操著與台灣南部人相似的台語腔調、大聲問道：「要坐車嘸？」並且用台語的三字經與同樣是排班的計程車師傅交談，語調和動作恍如來到台灣南部一帶的彰化、鹿港火車站，一時間時空錯亂還以為是到台灣南部出差，乍聽「匪區」裡有人講台灣話，倍感親切，原來「台灣話在大陸嘛也通」。

無怪乎，在沒有語言隔閡下，大陸開放後台商有如過江之鯽，絡繹不絕的湧進廈門、漳州、泉州等地區設廠，期間還有宗教團體帶領著龐大的進香團，或以船隻直航或搭機經第三地區遠赴湄州媽祖廟，展開尋根之旅；大陸沿海地區與台灣生活習俗、語言文化相通的情形，讓前進大陸的台商好像走到自家的灶腳（廚房）般，大幅減輕生活、言語上的適應困難。

■ 初抵大陸，乍聞鄉音，有一種把異鄉當故鄉的錯覺。

大陸行，再離譜的事都行

在大陸進行投資設廠期間，考察的旅程，我經歷了很多難忘的事，迄今回想起來，滿有趣、也滿感傷！

● 深夜行駛的大卡車沒有後燈─有一天，我與永兆大哥去福州，夜晚要趕回廈門，叫了一輛計程車，車行福廈公路途中，突然「轟」一聲發出巨響，撞上前方的大卡車。原來前方的大卡車並沒有後車燈，沿途也沒有路燈，在夜黑風高的夜晚，黑壓壓的一片，此起車禍來得突然，幸車毀人未傷，否則後果不堪設想。

● 有門沒鎖的旅店─我與永兆大哥從珠海拱北偷渡到澳門要轉往香港，在澳門臨時住一晚的旅店，住進去後才發現旅店的房間有門竟然沒有鎖，兄弟倆一夜不敢闔眼，唯恐睡著了招搶或被偷。

● 滿是屎虫的茅廁─從廈門機場下飛機隨即叫老舊計程車、沿途開了五個多小時，到台商好友開設在漳浦、簡陋的製傘廠裡的廁所茅坑上大號時，掉到糞坑的大便會「咚」一聲噴到屁股上，茅坑四遭還有小小、白白、肥肥的屎虫四處爬來爬去。而這種糞坑廁所，在當年是相當普遍的，顯示台商初到大陸發展，生活環境的落後與辛苦。

● 忽熱忽冷的蓮蓬頭—在冬天夜宿漳浦縣政府招待所的旅社，房間內沖澡的蓮蓬頭，打開沖第一下時，水是熱的，未料，抹上肥皂不久，水龍頭流出來的水都是冰冷的，等洗好澡後，我已全身發抖、打噴嚏，感冒回台灣後躺在床上十多天才痊癒。

● 坐飛機用站的—在廈門機場搭乘飛機回香港，當時還是權勢當道的時代，航空公司一票兩賣，還可以把已上機坐在坐位上的乘客叫下機，由特權人士遞補上去。有一回，一位與我同機的朋友廖文石，竟然機位與他人相同。遇到此情況，只見空服員見怪不怪的要我朋友，「一個小時就到香港、你就站著吧！」，當時這種「站著搭飛機」的情形經常可見，所以台商間流傳著，搭飛機要儘早到「佔位子」的笑話。還有一次，搭飛機時，飛機的機門有點卡住，只見維修人員拿來工具敲打片刻，不一會兒，表示修好了可起飛，當時坐在機內的許多台商乘客內心都七上八下，直到安全降落抵達地面才放了心。

● 賄賂的文化—民國七十～八十年間大陸很多公共場所是不可以吸煙的，被公安抓到要罰錢，但是只要你當場繳交一元就不必罰。有的公廁也是如此，以繩子圍起來不讓人使用，但只要拿一塊錢給看廁所的人，他立即拿開繩子讓你使用。還有問路時，也要給對方錢，他才會告訴你；問路費用則視對方索討而定。

對許多大陸人而言，未改革開放前，他們普遍過的是均貧的生活，這樣的日子過太久了、也窮怕了，因此當他們眼見來自台灣的企業主，在開放後帶了大筆資金，投資設廠，帶給地方經濟繁榮，相對的在自由競爭的激烈環境下，也挑起了人性最貪婪的一面。

●「今天不努力工作，明天努力找工作」。這是十多年前，許多前往大陸旅遊的朋友，看到的標語。剛抵廈門設廠不久，一日，到當地一家舒友酒家（餐館）用餐，看到牆上寫了一幅「今天不努力工作，明天努力找工作」字聯，極具意義，除肯定老闆對員工實施的觀念教育方式，也相當好奇的與他閒聊。

該位老闆表示：廈門還未發展，工人找不到工作，比比皆是，我這裡生意不錯，給員工的待遇不差，所以以此字聯告誡員工們要努力工作，提供客人最好服務，否則不努力工作被解職後，沒有了工作，要再找工作，得要非常努力才找得到。

這家餐館老闆在十八年前即有「顧客至上、以客為尊」的服務第一觀念，讓我相當認同，爾後我經常前往用餐，只見該餐館生意蒸蒸日上，不久，成為廈門、上海知名餐館，顯然經營管理對企業的成長與競爭相當重要。

■ 我與靜枝真正做到了遊遍大江南北（上）。有時還與妻舅杜逸清夫婦同遊各景點（下）。

美食料理，光怪陸離

美食文化向來是中國人最重視的文化，大陸剛開放時，許多地方仍保有一些奇奇怪怪的料理，讓初來乍到的我，親身體會，一輩子都印象深刻，大致有：

● 娃娃魚料理。被喻為國寶級的娃娃魚，因為會發出類似娃娃的聲音，被官方禁止補捉食用，但早期的餐館老闆，為了吸引剛抵大陸的台商上門，會偷偷趨前咬耳朵，神秘的告訴您，店裡有別處不易吃到的娃娃魚，問您想不想嚐嚐看？於是老闆悄悄的從裡面的床鋪下，拖出大盆子，裡面就有好幾條、叫聲如同嬰兒般、大約一尺長的怪異魚，給客人瞧瞧後，下鍋烹煮，是否真的是娃娃魚，我們也不知道，但口感並無啥特別。

● 廣東料理叫三聲。真是百聞不如一見的料理，品嚐著可需要有些膽量！這道料理是一盤剛出生不久，眼睛還未張開、全身不斷蠕動的小老鼠，老饕們驚為美食，趨之若鶩，為何該道料理稱為「叫三聲」？是因為當手提起小老鼠尾巴時，叫一聲，沾上佐料時，再叫一聲、放進嘴吧吃進去時，再叫一聲，總共叫三聲，所以稱為「叫三聲」。

這道料理，我當場看了覺得很噁心、太殘忍，不敢看，當然也不敢吃了。但是在座的大陸人卻是興高采烈的，拿起一隻隻的小老鼠，送進嘴裡直喊「好吃、好吃、太美味了！」讓我看傻了眼，也領教到廣東人什麼都吃，除了天上飛的飛機、海中的船艦、陸上的大炮外，其他的什麼都吃，說的一點也沒錯。

到大陸各地旅遊，自然不忘趁機品嚐大陸各地的特色美食，有南寧的蛤蚧、同安的土龍、桂林的娃娃魚、廣東的叫三聲、深圳的蛇湯、香港的海鮮、新同樂的魚翅、鮑魚、上海的大閘蟹、北京的烤鴨、天津的韓國烤肉、青島的啤酒、哈爾濱的打獵，還有長江三峽的水蜜桃、山東的水梨、廈門的樹梅等各種山珍海味，真是人生一大樂事。

■ 商場如戰場，四處征戰之餘，中國各地都有我們夫婦共同走過的足印。

不能沈溺，就只有沈淪了

「越忙碌的人越有閒」，是指忙碌的人懂得善用時間管理，所以可以規劃很多事、完成很多事；廈門的洋傘廠事業漸上軌道後，我雖然不時得在廈門、香港、台灣三地奔波，甚至遠赴日本接談生意，忙得不亦樂乎，但我仍不時偷閒到廈門大學附近南普陀寺的五老峰爬山。

廈門的南普陀寺是著名的佛教古剎，吸引許多觀光客前來朝聖，「普陀」在佛學裏面，是指觀音菩薩的應化道場。南普陀寺，依山而建，寺內收藏有緬甸玉佛、明大藏經、日本大藏經、乾碑等珍寶，對身處異鄉的我而言，經常到此可以放空心靈，沈澱自己。

我在大陸旅遊的同時，也看到許多台灣人在大陸的奢侈、囂張行徑以及日後的落魄，無顏見故鄉人的慘況！

大陸剛開放時，台灣人拿著新台幣到大陸花費，相當好用，一些出手闊綽的台商朋友或者觀光客，以台灣當時的生活花費標準，宴請朋友訂的是一桌一千元人民幣（相當於台幣四千元）的高檔酒席，看到豐盛的菜餚還直呼價廉，以當時當地的生活水平，普通一個家庭一個月的菜錢可能才二百元，台商朋友或觀光客一晚、一桌酒席的花費就足供他們五個月的菜錢，如此奢侈的作風，讓大陸人暗稱台灣人為「呆胞」，有些觀光區並視台灣人是

■ 不知道是不是因為自己叫「江老五」，我特別鍾愛爬五老峰。

待宰肥羊。

大陸沿海地區早年色情行業泛濫，來自各省份的女子利用女性的本錢，從事特種行業，KTV、酒店內數百小姐駐店，陣容龐大、任君挑選，一些出手大方的台商或台灣觀光客前往消費，除了一擲千金當大爺，還有進一步私下色情交易、盛行包二奶，而無心於事業發展，到最後落得人財盡失的下場。

也有台商朋友因難耐寂寞與大陸女子發生感情，「包二奶」、「包三奶」，包到無法自拔，更無暇照顧到台灣的妻小，甚至孩子流連於網咖，最後失去台灣的家庭、也失去了自己的根，衍生家庭、社會問題，令人痛心，讓很多的台灣人，慨嘆賺到錢、卻失去了家庭，到底是得與失，歲月將會給答案的。

事實上，多數到大陸發展的台商，為了企業體永續生存，作風通常低調、克勤克儉，一些來自台灣南部的民眾，在廈門當地開小吃店、精品店小生意，只要努力打拚，生活上過的都不錯。

反倒是生活奢侈、行徑囂張的台商則很快的陷入落魄、困頓情境。有一回，我在沿海一處養殖場，見到一位淪為與狗為伍的落魄台商，孤獨的守著養殖場、卻無顏回鄉見家人，只能與來來往往的台灣友人訴說昔日的風光史……

總之，在異鄉如果不懂得適時沈澱，往往就只能落得一世沈淪了。

斷了線的風箏，在大陸尋根

尋根是許多台灣人到大陸的重要人生旅程，由於在台灣祭祖時，曾看到族譜記載著：江家祖先來自唐山的永定，有能力的江家子弟將來要回唐山尋找祖源……族譜的記載，讓我尋根的念頭始終牢記腦海。

趁著工作之餘，八十三年間，我由工廠司機開車載我前往永定展開尋根之旅。由廈門遠赴江西省與福建省交界處的龍岩山城永定老家，沿途黃泥、碎石路不斷，路況不佳、車程約八個多小時才抵達，已是黃昏時分。

永定當地居民住的是形同社區建築的永定土樓，居民講著客家話，因語言無法溝通，比手劃腳一陣後，終於遇到一位在當地煤礦廠當廠長的宗親，這位宗長聽得懂我講的台灣國語，見到遠自台灣的宗親，相當歡喜，親切的招待我們夜宿他的家中。當晚並宰殺自家飼養的土雞、抓來的山蛇、山菜盛情招待我們，同時夜晚還拿出家中僅有的一席蚊帳讓我們使用。

翌日，這位熱情的宗親，帶領我們到永定土樓的振成樓祖先祠堂，看到了祠堂留下的祖訓對聯，用振成二字做開頭的詞，內容發人深省：

振作那有閒時：少時、壯時、老年時，時時要努力

成名原非易事：家事、國事、天下事，事事要關心

永定的宗親說，祖訓對聯已有百餘年，雖當地生活清苦，但因恪守祖訓，當地江姓人家重視子女教育，培植出不少優秀有學問、光宗耀祖的子孫，至於，宗祠上的族譜因未有專人整理，並未記載與台灣江姓宗親的淵源，所以尋根之旅如同斷了線的風箏，頗為遺憾。

儘管如此，此趟尋根之旅，我除了領受到永定江家子弟的勤奮向學，亦對宗親的刻苦生活，留下深刻印象，離去時拿出一千元人民幣給招待我們夜宿一晚的宗親廠長，謝謝他的盛情款待。

江西永定的尋根未果，數年後我到廣東省，由汕頭梅縣進入豐順縣，意圖找到與台灣江家有關的祖祠，但仍未有所獲。

「慎終追遠」是中國人對先祖、對根的重視。許多台灣人在大陸開放後，宗親組團到大陸尋根絡繹不絕，就我所知，桃園縣邱氏宗親、徐姓宗親會在理事長邱金標、前國代徐振興帶領下，到大陸展開尋根之旅皆有所獲，並拿大筆費用回到大陸修建宗祠、祖墳，但後來因宗祠的帳目不清，亦發生當地宗親內部的許多紛爭。

台灣的宗親會組織是華人社會中最健全、最活躍的，這主要是拜台灣大小選舉之賜。藉著「萬年的宗親、千年的草籽」、「血濃於水」的宗親觀說法，宗親會成為選舉中動員、輔選的最佳機器，江姓宗親的「六桂堂」，指的是同宗的六兄弟，因戰亂而分成了「洪、江、汪、翁、龔、方」六姓，每逢宗親內有人參與選舉，六姓氏宗親大團結的呼籲即被提起。

台灣選舉文化促成了宗親會組織的健全，大陸因未有大小選舉，因此宗親並無強力組織，這也是為什麼，兩度到大陸尋根均未有所獲的原因之一。

【尋根‧尋思】
找尋也會是一種樂趣，我的永定尋根之旅雖然沒找到真正的宗祠，卻發現了深具意義的祖訓對聯，頗發人省思。

第九章：珠圓人生‧人生諸圓

好運嚟會輪到我

第九章：珠圓人生・人生諸圓

半百人生轉型創業，有時候不免自嘲自己是「環保者」，也就是發揮剩餘利用價值的人。於大陸結束洋傘事業第二春，本以為人生將此退休，沒想到因天珠事業，改變我的後半生！

風光結束在大陸十年的洋傘第二春事業，回到台灣，已近坐五望六之齡，想到一生勞碌奔波，雖然不是商場上的常勝軍，但總是有幸還有好友相挺、家人相伴，才能在大陸開創了洋傘第二春，也多少悟得「急流勇退、見好就收」的智慧。

做生意，沒辦法做常勝軍，就做個藏勝軍吧！我想。

因此，正準備要沈澱一下疲憊的身心，好好「藏」起下半生的生活之際，一日，整理擦拭放在書房內的古玩、字畫……等各種收藏品，享受「藏人」的收藏樂趣時，突然間，看到牆上那幅名人「費新我」的字畫，畫中對聯有『山重水複疑無路、柳暗花明又一村』的字句，仿佛透露著我「命不該閒」，俗事未盡，可能還得努力工作個幾年。

四十多年來，洋傘業一直是我的本業，長年來，江永忠與洋傘幾乎劃上等號，既然都退出洋傘事業了，我還能做什麼？費新我字畫上的對聯，是無意中的一瞥，還是老天爺的暗示？

天珠不僅是事業也是善業

九十一年初，找了友人徐松川、陳敏英夫婦一同去台北拜會朋友黃椅專先生。黃椅專是以前從事洋傘業、生意上互有往來的老朋友，我與椅專原只是泛泛之交，沒想到在大陸經商期間，有一天與朋友在餐館吃飯時，突然有名素不相識的男性朋友，主動上前問好並自我介紹：「您是大同洋傘江老闆嗎？我是彰化人、是黃椅專的至親陳錦福、也就是他拜把弟弟，曾聽椅專大哥提起您，沒想到在此遇見。」

他鄉遇故知，本是快樂事，何況曾是洋傘業界相識同業的親人！於是兩人熱絡寒暄起來，道別後，我與椅專的拜把弟弟陳錦福在大陸不時有互動、往來。陳錦福回台灣後，向椅專提及我們在廈門時的互相關照，椅專欣喜之餘來電致意，並邀我

■ 還沒經營天珠之前，我們夫妻曾到過天山，冥冥中也是一種命定吧！

有空到台北公司敘敘。

抱持著探望友人的想法，我與阿川、敏英三人來到黃椅專位於安和路的公司，獲知黃椅專早已不再從事洋傘業，而與他的夫人劉孝華老師從事天珠銷售，品牌為「悅康天珠」。他們熱絡的招呼我們，也講述有關天珠的故事、神奇的效力，強調天珠有特別強烈的磁場能量，造成天珠有不可思議的感應，對人體健康很有幫助。

在有關天珠的故事，最吸引我的是，配戴天珠有益人體健康、可趨吉避凶……等神奇力量。臨走時，他們贈送我天珠碎石腰帶、天珠健康枕、有關天珠的介紹、書籍等，並叮嚀我們，回去一定要好好使用、仔細閱讀。

之後，黃椅專夫婦邀我加入悅康天珠的經銷事業，期有更多認真打拼的夥伴加入，共同讓更多人受惠於天珠的神奇力量，對他們的身、心、靈健康有所幫助。

不過，黃椅專也表示，悅康天珠目前正以加盟店方式拓展市場，桃園地區已有人簽定開店合約，為了守信用，目前無法在桃園地區開放加盟設店，如有意願，要我稍待二個月。

我對天珠的認識，事實上並非緣於黃椅專友人。大陸經商期間，我曾與友人結伴前往新疆西藏旅遊，當時即對當地盛產的天珠相當好奇，也購買、收集了不少藏傳的文物（包括天珠、綠松石等西藏七寶）；不過加上劉老師的再度說明，我對天珠有了另一面的認識

【天珠．天命】

從小洋傘轉型到賣天珠，是很多偶然的巧合因緣，這些因緣巧合，也只能歸命定了。（下）區域專賣店開幕，董事長及劉老師親臨剪綵，（上右）黃董事長蒞臨感恩餐會高歌一曲，（上左）靜枝與二女兒珮如全心投入天珠店的經營。

【事業．善業】
包括妻女都以歡喜心全力投入天珠事業，同時也因天珠交了很多朋友，讓這個事業無形中也成了善業。（下）小女兒瓊如。

與了解。

因此，走訪黃椅專夫婦經營的悅康天珠公司，回到桃園，遂向妻子靜枝提起加盟悅康天珠的想法，但靜枝對天珠的神奇功效，將信半疑。於是，先將天珠產品拿來使用一段時日，靜枝發現手臂酸痛的老毛病，竟然大為改善。

靜枝因為常年參與家族經營的洋傘事業，經常得指導工人或缺工時自己親自縫傘及檢整工作，因縫傘及檢整工作經年累月高舉手臂而造成手臂酸痛的職業病，四處求醫始終未有顯著改善，飽受小病痛困擾。

不料，竟無意間發現天珠神奇療效果有助人健康，促成了我們夫妻加入悅康天珠行銷團隊的因緣。

隨後，處事明快積極的我，立即著手加盟悅康的開店行動。礙於加盟權的規定，我們的第一家店只能選在遠離桃園的基隆設立，也就是說，負責經營的靜枝必須每日往返車程約一百公里遠的基隆去顧店，對此如何因應、調適？我與靜枝事先做好充分溝通、準備，以迎接開店初期的辛苦及各種生活變動。

九十一年四月十五日取得在基隆開設悅康第一家店的權利後，我立即進行開店工作的籌劃、開店地點的選擇、店內的設計規劃及宣傳品的印製等各種瑣碎事宜。開店做生意，設店地點的選擇相當重要，甚至決定於企業生存與日後的發展。

因為一個陌生人，在陌生的基隆開了一家店

桃園是我的原籍地、居住所在，在這裡我有豐富的地方人脈資源，但跨出桃園往北行的基隆，對我與靜枝妻子而言，則是一處陌生的城市。為了慎選開店地點，我們以交通便利的基隆火車站附近為考量，我背著揹包在基隆火車站附近，用三天時間以徒步、掃街方式找店面，看到「忠三路四十號」店面招租，四月二十日與店東簽妥租賃契約，心情興奮而愉快。

接著，依擬定的各項開店進度表展開找木工、水電工、油漆工、招牌等裝潢各種細部工程，靜枝則到悅康台北總公司受訓，夫妻倆目標一致，緊鑼密鼓、分頭進行開店相關事宜。四月底、五月初，悅康天珠基隆店醒目的招牌，於基隆掛起，也是我加入悅康天珠事業體系的第一家加盟店。

悅康天珠基隆店的開店籌備進展迅速，除了我們夫妻倆主動積極的作風，還得感謝總公司悅康天珠董事長黃椅專及劉孝華老師的全力協助。劉老師除了在開店時專人輔導，店要開幕前幾天並動員總公司人力支援，指導商品如何擺設、進貨管理等，並代為邀請知名藝人於開幕當天蒞臨剪綵、行銷廣告，以打開知名度、吸引消費者。

簽定加盟、籌備開店到店開幕，前後時間不到半個月，大哥自美國回台，獲知我已開

了家店，訝異不已，對我年過五十五事業再轉型，力表肯定、祝福，畢竟有忙碌事業，不但愈忙愈有閒、也愈健康，何況我與靜枝都體認，天珠事業是銷售健康的事業，是有意義的工作。

磁場、能量，也可以很時尚

天珠有群居的靈性，購買的人一旦感應到天珠神奇的力量以及有助身、心、靈的效應後，通常會再上門選購；新、舊顧客陸續登門，業績於穩定中成長，我與妻子漸漸體會到天珠帶來的喜悅與健康。

而我更因「婦唱夫隨」協助靜枝共同經營天珠生意，利用時間投入與天珠有關的研究及探討，對天珠的屬性及消費市場互動、以及市場上呈現的價值、消費者心態，有了進一步的了解。天珠的價值及購買者的心態，大致有：

■ 天珠的磁場、能量，真的是讓人不可思「鐿」！

●**求財**—心靈上想要改運、趨除霉運，進而想招財的。近年來，台灣人投資不順利、股票族失利者眾多，景氣不佳、心情鬱卒者，想要借助具有強烈磁場能量的天珠改變心境、情境，招來好財運。

●**求健康**—現代人生活忙碌，工作壓力大，缺乏運動，因此各種文明病不斷，如腰酸背痛、情緒不穩、失眠等症狀困擾，配戴天珠期能求得健康。

●**求平安**—天地萬物有許多不可思議的事，有些人或許磁場弱，碰到一些不可思議的事，連進步的科學也無法解釋，為了保平安，避邪擋煞，所以購買天珠佩戴。

●**求流行**—愛美的朋友對追求流行時尚，趨之若鶩，而傳統的穿金戴銀不但耀眼、俗氣，佩戴玉珮、手鐲易破碎、工作又不方便，甚至太老氣，在求新求變的消費市場，由礦石瑪瑙切割的天珠，經由專家設計美麗的圖騰，再透過宗教大師加持，是具相當流行感的飾品。

●**求不同凡響**—有些經濟力佳的消費者，購買天珠中的極品，不但追求流行，也是炫耀自己的身份，就像駕駛頂級名車的心態，除了與眾不同，也顯示自己的身份地位、是與一般人不同。

在重視行銷的時代，任何優質、有益人體的產品，如本身具有多種正向獨特性，欲讓消費者了解、認同，就有賴經營者將其特點行銷出去，始能打開通路，否則再好的產品，沒有通路，是無法創造產品本身的效益。

因此，研究過天珠消費者的五大特性後，我立即把握商機，進行行銷策略，採取廣告宣傳、整合人脈資源、提昇服務品質、塑造商品形象，並請總公司同步配合行銷策略等方式，於一年半內，陸續於南崁、中壢、龍潭、平鎮、台北等地區相繼開設十二家區域專賣店，發揮「魚幫水、水幫魚」的互動力量，成功扮演悅康天珠在國內開疆闢土的先遣部隊，使悅康之友們，因佩戴悅康天珠帶給自己神奇的力量而「喜悅健康」。

悅康天珠區域專賣店陸續開設，中壢店委由邱創良的妻子黃純敏小姐負責，阿敏在孩子漸已長大、阿良兄忙碌於事業之際，她擔任佛光山的義工，經常出現於義賣場合，從事公益活動，如今有了悅康天珠中壢店的事業，不但結識許多購買天珠的好朋友，也使阿敏的生活更加紮實、豐富。此外，天珠的不可思議，讓我乖巧的女兒也因感受到天珠神奇的力量，而以歡喜心投入悅康天珠的經營，家人同心協力，讓我後半生深感「人生路漫漫、天珠長相伴」的幸福。

半百人生轉型創業，有時候不免自嘲自己是「環保者」，也就是發揮剩餘利用價值的人。於大陸結束洋傘事業第二春後，本以為人生將此退休，沒想到因天珠事業，改變我的後半生，同時再度讓我在課業上所學以及運用商場上的「人、銷、管、發、財」做生意的五大基本要素，再度運用於天珠事業、充分發揮。

做生意繁雜瑣事一堆，相當辛苦，唯其基本五大要素以「人、銷、管、發、財」為主，強調的是：「人：人員、人事。銷：銷售、市場。管理：管理、行政。發：研究、發展、創新。財：財務、會計、稅務。」經營悅康天珠加盟店，很感恩能與家人在天珠事業園地裡，傳授做生意的五大基本要素及與合作團隊分享，沐浴在傳承的喜悅中。

■ 九十三年夏天專程去紐約探望正在攻讀化學博士的兒子江啟同（上），忙裡偷閒就是閒，大女兒珊如陪我們去多倫多小鎮玩（下）。

藏密七寶之一，真的不可思「鐿」

天珠的主要產地在西藏、藏東、不丹、錫金、拉答克等喜馬拉雅山域，是一種稀有寶石。天珠為九眼石頁岩，含有玉質及瑪瑙成份，為藏密七寶之一，史書記載為「九眼石天珠」。

天珠的內部結構，具有天然宇宙強烈的磁場能量，經日本研究証實為三、四千年前，火星的隕石墜落於喜瑪拉雅山區，使天珠原礦在強烈撞擊下產生十四種火星上的天然元素，其中尤以「鐿」元素磁場能量特別強烈，造成天珠有不可思議的感應，亦符合藏胞認為天珠為「天降石」、「天外之珠」之說。

根據記載，天珠磁場為水晶的三倍，水晶磁波為四伏特，天珠則為十三伏特。天珠是半寶石，硬度為莫氏七至八點五，除南非鑽石硬度為莫氏十之外，當今地球上再也沒有任何礦石的磁場強得過天珠。這也是唯獨西藏的瑪瑙才稱為「天珠」，而巴西、波斯、蘇聯、印尼、台灣的瑪瑙，並不能稱為天珠的原因。

不過，任何礦石都有磁場，只是強弱有別。惟因西藏瑪瑙磁場效果感應最強，因此市售許多瑪瑙寶珠，毋論是否來自西藏原產地，大家一律號稱是「西藏天珠」的原因即在於此。

當礦石所產生的磁場作用於人體的生物磁場時，能緩和沮喪和焦慮，改善記憶力，舒緩神經性疾病。早在春秋戰國時代，中國人就已發現礦物可以治療疾病。《本草綱目》亦有記載磁石的療用，經臨床實驗証明，磁療可引起人體的神經、血液、代謝等產生系列變化，可舒通經絡，調合氣血，並具有活血化瘀、消腫止痛、消炎鎮靜等作用，對於治療各種關節炎、高血壓、神經衰弱等病症皆有明顯幫助，而對糖尿病、心臟病、腎臟病、腸胃疾病、頭疼、五十肩、鼻塞、失眠、便秘…等病症，也具有改善效果。

在十多年前，許多民眾可能從未聽過「天珠」是什麼？但在現今科學的佐証下，對追求健康的民眾而言，已有越來越多的民眾深信「能量」對人體健康產生的神奇力量，因此，玉石、水晶、瑪瑙等逐漸取代中國人最愛的黃金，成為新興的流行飾品，而「天珠」能趨吉避凶，帶來健康平安，更使其佩戴具有祈福、祝福的意義。

天珠以出土年份可分為「老天珠」與「新天珠」。老天珠年代久遠，數量稀少，稀有的老天珠，在現代已經很難找尋，現在除了西藏各大寺廟裡的佛像，身上還鑲嵌了年代久遠的老天珠，以及各式珍貴寶石外，就僅有少數的人，還擁有珍貴的老天珠。「新天珠」大致可區分為：黑玉髓、紅玉髓、老礦等各種特色。

不但神氣，更是神器！

悅康天珠創辦人劉孝華老師指出，「天珠」並非悅康為了牟利所創造出來的神話，所有悅康天珠，乃是傳承自仙佛與藏人的智慧，與現今的科學，加上悅康人利人利己的心念相結合。

從科學角度來看，天珠其實是一種稀有玉髓寶石，礦物元素為二氧化矽，及其他微量元素，可細分為瑪瑙質與玉髓質成分，而玉髓礦脈富含礦物質，礦石硬度高、微量元素多。

因各個玉髓原礦所含天然物質不同，造成所採擷下來的原礦，具有多種不同的結構、顏色。換句話說，真正的天珠，每一顆色澤、分佈、大小厚薄、角度都不會一模一樣，而染色的贗品，往往色澤一致，甚至比真正天珠礦石還來得色澤艷麗。為了讓消費者更能分辨天珠，悅康也在多年前重金購買機器，在每一個產品上雕刻「悅」、「康」字樣，以免消費者因不了解而受騙上當。

天珠可製做成座墊、睡枕、床墊、鞋墊等日常生活用品，更可設計為項鍊、手鍊、腳鍊、戒指、耳珠、腰帶、護頸、護腕……等流行飾品，配合身體各部位的穴道佩戴，即可產生一定的磁場感應。

由於天珠屬於能量寶石，所以佩戴一段時間後，可以浸泡在粗鹽水中淨化保養，大約每次十五至二十分鐘，也可以用太陽日照或是除障香來做淨化，經過這層保養程序後，就可重新獲得一個能量如新的寶石。

天珠，除了改變我的後半生，也讓我看到許多朋友因天珠帶來健康、平安、財富而受惠，越來越多人並了解天珠的價值。其中，有很多任職於大醫院、軍公教人員以及各階層的好朋友，不時與我分享天珠的神奇力量與受惠經驗，讓我更感恩天珠事業為我廣結人生善緣，也讓我更加惜福、惜緣，抱定有生之年，將盡己之力，用心回饋、關懷社會。

■ 每次親友餐會上，多才多藝的藍勝民議員一定是當然司儀。

好運嘛會輪到我

第十章：心隨境轉・野鶴閒雲

第十章：心隨境轉．野鶴閒雲

古玩、字畫、田黃石，收藏雖然不是很豐富，但每一件都充滿傳奇；老歌、歪歌、改編歌，唱得雖然不是很好聽，但每一首都是真心傳情。人生六十才開始，心隨境轉，我正努力學著歡喜過日又過年！

江老五藝術中心

九十四年間，我以「人生六十才開始，歡喜過日又過年」自勉，決定做些自己想做的事，在自家附近的南崁市區中正路上，籌備成立「江老五藝術中心」，將多年來，往返兩岸期間蒐集的古玩、字畫、藝品、玉器，於該中心展售，內部一隅並闢了一處小空間做為洋傘展示區，展售洋傘的收入悉數捐我以父母親為名、即將成立的「生香文教關懷協會」，做為推動本土文化以及地方上有關弱勢孩童教育關懷活動基金，以回饋社會。

收藏樂趣．充滿生氣

為開創洋傘事業第二春而赴大陸投資設廠之行，前後經過十年期間，我深刻體會了

「忙裡偷閒才是閒」的箇中道理，趁著工作空檔，或自己一人或與當地台商聯誼會好友組團，陸續前往大陸各地區觀光攬勝，行跡走遍台商常到的香港、九龍、深圳、上海、北京、天津、山東、濟南、威海衛、雲南、昆明、大理…等地區，連最北邊的哈爾濱、最西邊的新疆烏魯木齊、喀什米爾等地區，都曾留下我的蹤影。

大陸的風光景色、錦繡河山，小時候只有在書本上讀到，循著歷史課本的軌跡一處處的走訪，豐富了生活，享受當地的美景、美食之餘，不時也會想到週邊的親朋好友，雖未同行，但買些紀念品、藝術品分送給親朋好友，藉以傳達身處異地的我的關懷之情並將愉悅之心「分享」，漸成一種旅遊中的樂趣。

剛開始只要看到「豬」、「雞」、「狗」……等各種特殊造型的紀念品，就想到買給生肖中有屬豬、雞、狗…的好友，看到美麗的絲織品，就想到家中可愛的妻女，經過一段時間漫無目的購買，發現了自己對古董、字畫、雕刻品等藝品的嗜好，家中的大小角落竟已不知不覺的囤放許多收藏自大陸的藝品。

於是，有了更明確的收藏目標後，旅遊不但更有樂趣，也更有樂「器」。我就常因收藏目標的達成，享受著生命中偶遇、交集的驚喜，當然，有幸收藏到較貴重的物品，一邊把玩、一邊向別人炫耀其中的點點滴滴，來滿足自己內心最底層的那一種虛榮心，更是不斷投入的動力。蒐集和收藏都是一種興趣，如果不造成經濟負擔，絕對是可以去做的，給自己的生活設定一個目標，然後盡全力去達成這個目標，相對來講，是正面的意義。

封閉許久的大陸於七十年代末期開放後，貧窮的大陸人為了變換現金，或公開、或暗中兜售民間許多珍藏多年的古玩、玉器、名家字畫，我抱持著觀賞、品味的心態，收藏大陸的藝品，因是歡喜收藏，對藝品並未有專業素養，亦曾多次高價買到贗品，以及在大陸買到來自台灣的字畫。而該些藝品的收藏，則由初期的各種字畫到後來的玉石、古董、陶瓷、天珠等藝術珍品，價錢也由數百元到數十萬元不等，該些藝品由大陸帶回台灣，還發生數件珍品於海關以國寶級寶物為由遭沒收處理的窘境。

每一件的收藏品除有著物品的典故，還紀錄著一段段旅程的故事。典藏的大陸字畫如清明上河圖等數百幅，更因其山水意境之美、文詞典雅、發人深省，讓我愛不釋手，如獲至寶。

收藏有愛，從此不自怨自艾

收藏到了一個階段，自然會想將自己的作品拿出來分享、展售，增加資金流通的管道，也與同好做更多的資訊交流，九十四年間，籌備年餘的「江老五藝術中心」於車水馬龍的桃園縣蘆竹鄉南崁地區成立！吸引許多國內外同好駐足、交流，「江老五藝術中心」陳設的收藏品，以我在大陸購得的田黃石、玉雕佛像古物、天珠、吉祥物貔貅等最為珍

【江老五．與友共舞】

江老五藝術中心的成立要的是人氣而不在於做生意，衷心希望藉這個小場地，和老朋友、新朋友，愉快的談天又說地！

貴、極具鑑賞價值。

其中，收藏的玉石裡，田黃石是我最珍貴的收藏品。田黃石是壽山石系中的瑰寶，素有「萬石中之王」尊號。俗話說：「黃金易得，田黃難就」，田黃石色澤溫潤可愛，肌理細密，自明清以來就被印人（玩印、刻印章之人）視為「印石之王」，數百年來極受藏家至愛。

據說，早在一千多年前，已有人開始採集田黃石，到了明清兩代，田黃石更是盛名於世。許多達官顯貴、文人雅士競相刻意收集田黃石。相傳清初時期皇帝祭天，神案上都少不了一方上品田黃石，寓其「福（福建）、壽（壽山）、皇（田黃）」吉祥之意。因此，田黃石一直盛名不衰，身價倍增，古人有云：「一寸田黃一寸金」，其在奇石界地位之高，可見一斑。

「江老五藝術中心」內收藏的玉器，有各種玉石為主的雕刻品，包括佛祖、觀音、動物雕刻品，隨著各種天然玉石產量銳減，收藏的品質佳的雕刻小品，售價也不斷攀升。由古自今，佩帶玉本來就是有錢人的象徵，收藏玉也是有錢人特有的嗜好，口袋有閒錢的人才會去買玉，因為天然的玉石如翡翠等，都不便宜。

對玉石的收藏，我純粹由喜愛、品玩出發，是真是假反倒是求其次，據行家指出，鑑定一塊玉，從玉的質感、雕刻、切磨、鑲嵌手法就可判定這塊玉的年份，古物專家就是憑藉這些特色來判斷古物的年代，這可不是看看書或跑跑玉市就學得會的技術。古物鑑定比寶石鑑定的難度高太多，這也是為什麼買高價玉器收藏品，如非有行家指點，否則是很容易受騙的。

「江老五藝術中心」的收藏品談不上豐富，但是該中心經營的是我個人的品位與價值；有些我珍愛多年的古董、字畫收藏品只供觀賞，不捨割愛。換句話來說，收藏某些作品是為了彰顯自己的品味、收藏的意義，以及由品味所產生的價值，並不能以金錢數字衡量化而來。這也是為什麼我將「江老五藝術中心」定位為經營好友情感、精神愉快的好所在的要因。

「談天說地做皇帝」是三、五好友相聚的最大樂趣，我一直企盼著「江老五藝術中心」能成為經營好友情感、精神愉快的好所在。

返璞歸真．唱歌傳情

在大陸經商期間，因事業及生活環境面臨的各方壓力不斷，藉「唱歌」抒解苦悶的心情，成為我最好的排壓方式，哼哼唱唱自娛、倒也哼出了樂趣與興趣。唱歌的時候，身體要用力，肌肉要放鬆，唱出聲音的時候，腹部要用力，使用丹田的力量發出的聲音，有如身體的五臟六腑都在動，是一種很好的「體內環保」運動。

愛唱歌的人，運用正確的方法，可以讓「聲音」常保年輕。在醫學美容發展日新月異，各種新科技可以滿足現代人美麗回春需求的時代，唯有唱歌能讓「聲音」回春的本事，是最不花錢的小撇步；何況，對缺乏運動細胞、不打小白球、早年個性較為內向的我而言，唱歌與跳舞的確帶給我生活許多的樂趣。

愛唱歌除了要有好記憶、音感也要不錯！回想十幾歲、做童工時，邊做事、邊收聽收音機的音樂台歌曲，播放著文夏、洪一峰、吳晉淮、鄭日清等歌手演唱的台語歌，竟成為這些年KTV內點播的熱門歌曲，而我拿起麥克風不自覺的隨著旋律哼唱，以我自由自在的「江氏唱腔法」不但沒有走調，還受到友人的掌聲肯定，讓我唱的相當歡喜。

三、五好友相聚一起，以歌聲自娛並娛人，連絡情感，也可以一起做「體內環保」運動。讓我記憶最深刻的是，我曾藉唱歌在酒家募到一筆捐款，事後拿來做公益，相當有意義：那是一回與幾位好朋友一同去應酬、喝酒，通常男人聚在一起，喝酒前還未醉，頭腦清醒，大家談談笑笑的「歡天喜地」，但互相拚酒、喝得差不多都醉茫茫時，在酒精的助力下，呈現一團混亂，在酒女起哄下，出手大方的朋友，小費不斷的「散」出去。

看在眼裡，我主動拿起麥克風，唱起殘障歌手阿吉仔的成名曲「命運的吉他」，不惜犧牲形象，模仿起阿吉仔在地上爬、用力的唱著哀怨的歌聲，博得在場友人、酒女將小費

【娛樂自己．娛樂知己．兼做公益】

寫詩練字，唱歌傳情，其實只為了娛樂自己，同時也娛樂知己。唱歌募款兼做公益，成立生香文教關懷協會，只為了讓社會能多一分溫馨，真的多生一分芳香。

丟到我的面前，曲畢，褲子磨破、磨髒了，但卻獲得數萬元的捐款，翌日捐給了伊甸殘障基金會。除了模仿阿吉仔唱歌募到捐款，還有參加虎頭山青商會，在桃園縣立體育館舉辦慈善晚會活動上，我高歌一曲「媽媽的目屎」，牽動現場感動的氣氛，並當場義賣女兒珊如的書法字畫，也募得數萬元做公益。

對曾經離鄉到海外打拚的人而言，用歌聲寄情，用歌聲傳達對鄉土的關愛，是情感上的表達方式之一；基於對本土語言的喜愛及押韻發音的用心，我篩選了很多好歌來唱，也改編了一些詞曲融入現實生活的感受，甚至是表達形形色色人生的歌曲……例如：不通來退票（離別的月台票）；命運的吉他（好運嘛會輪到我）；漂浪之女（一支小雨傘．永遠唱抹煞）；還有早年在廈門自己做歌教唱台商朋友清唱的「月是故鄉明」套入「媽媽的目屎」樂譜，從頭到尾，包括感情的口白，一點也不會誤差。

為了吸引更多朋友一同來唱歌，也為了分享我喜愛的優美歌曲，在出書同時，我也錄製自己的歌唱專輯，收集了許多好聽的歌曲，有台語歌、國語歌、日本歌，也有一般人很少聽、很難學的「師公歌」。以及思鄉的曲目「黃昏的故鄉」、「母親的名叫台灣」本土歌……約三十首，歌聲中吐露著我的心情、我的人生觀、及我對人對鄉土的愛。

我將這些「愛的歌聲」錄成ＣＤ，送給這一生相交、相識、相知的好友，期藉著「愛的歌聲」與「好運嘛會輪到我」一本我人生努力打拚的書，將這份情傳出去……讓社會多一分溫馨，也期望您我生活平安、快樂！

人生六十才開始
歡喜過日又過年
在有生之年的歲月裡
我常常唱歌娛樂自己
最近我提出勇氣
以滄桑的聲音
唱出人生的歷練與過去
以感情的歌聲
表達熱愛台灣的鄉土味
錄音起來做成ＣＤ
您可以笑我
老歲仔人、不會見笑、愛作戲
但我還是要送給您
因爲您是我的知己

—永忠心語—

【練字·唱歌·錄CD】
年逢六十，正努力歡喜過日又過年，寫寫臭屁詩，練練毛筆字，唱感情的歌錄CD，就是為了送給知己。

國立中央圖書館出版品預行編目資料

好運嘛會輪到我／江永忠作，
台北市：晴易文坊媒體行銷，2006(民95)
面；15 × 21公分
ISBN：978-957-29211-8-0 (平裝)
ISBN：957-29211-8-5 (平裝)
1.江永忠 — 傳記
782.886 95013607

好運嘛會輪到我

作者	江永忠
總編輯	楊承業
主編	洪雅雯
美術主編	葉鴻鈞
文稿整理	楊淑媛
文稿校正	江珊如
發行所	晴易文坊媒體行銷有限公司
發行人	石育鐘
地址	台北市吉林路286號7樓
電話	02-2523-3728
傳真	02-2531-3970
網址	http://www.sunbook.com.tw
電子郵件	editor@sunbook.com.tw
郵匯帳號	19587854
戶名	晴易文坊媒體行銷有限公司
總經銷	紅螞蟻圖書有限公司
電話	02-2795-3656
傳真	02-2795-4100
製版印刷	懋元彩色印刷股份有限公司
出版日期	2006年 7月
定價	280元

好運嘛會輪到我

好運嘛人會輪到我